# Finance Lecture Note Series 2

# 선물과 옵션에 관한 작은 책

## 조 승 모

영남대학교 경제금융학부

저자    조승모(曺承模).  choseungmo@yu.ac.kr
        http://financialeconomics.tistory.com
약력    現 영남대학교 상경대학 경제금융학부 조교수.
        前 영남대학교 상경대학 경제금융학부 전임강사.
        前 경북대학교 경상대학 경영학부 초빙교수.
        고려대학교 대학원 경영학과 경영학박사(재무론전공).
        고려대학교 대학원 경영학과 경영학석사(재무론전공).
        고려대학교 경영대학 경영학과 경영학사.

# 선물과 옵션에 관한 작은 책

발 행 |    2017년 2월 20일
저 자 |    조승모
펴낸이 |    한건희
펴낸곳 |    주식회사 부크크
출판사등록 |  2014.07.15.(제2014-16호)
주 소 |    경기도 부천시 원미구 춘의동 202
           춘의테크노파크2단지 202동 1306호
전 화 |    (070) 4085-7599
이메일 |    info@bookk.co.kr

ISBN  |    979-11-272-1110-3 93320 (종이책)
           979-11-272-1111-0 95320 (ebook)

www.bookk.co.kr

사랑하는 딸에게 이 책을 바칩니다.

# 서문

　이 책은 학부수준의 파생금융상품론에 대한 교재로 집필되었다. 저자는 이미 파생금융상품론에 대한 교재로 2014년에 "선물과 옵션의 수리적 이해", 즉 조승모(2014)를 출간한 바 있다. 하지만, 2014년부터 2016년까지 매 1학기에 영남대학교 경제금융학부에서 "파생금융상품의 이해" 과목의 한국어 강의와 영어 강의에 대한 교재로 이를 사용해본 결과, 조승모(2014)가 학부용 강의교재로서 만족스럽지 못하다는 결론에 이르게 되었다. 이에 새롭게 이 책을 집필하게 된 것이다.

　조승모(2014)가 학부용 강의교재로 불충분한 것은, 근본적으로 조승모(2014)의 집필의도에 그 원인이 있다고 하겠다. 조승모(2014)의 경우, 그 서문에서도 밝히고 있는 바와 같이 학부강의와 대학원강의의 내용을 모두 만족시키는 교재로 집필되었는데, 이를 통해 대학원생들에게는 학부에서 배운 내용과 대학원에서 배우는 내용이 어떻게 연결되는지를 보여주고, 학구열이 있는 학부생들에게는 학부에서 배운 내용을 넘어서는 심화내용에 대한 학습자료를 제공하는 데에 그 집필의도가 있다고 할 수 있다. 하지만, 이러한 집필의도는 2014년에 2학기에 영남대학교 대학원 경제학과에서 개설한 "파생금융상품연구" 과목에서는 충분히 실현되었다고 판단되나, 2014년부터

2016년까지 매 1학기에 개설된 학부과목 "파생금융상품의 이해"의 한국어 강의와 영어 강의에서는 그렇지 못한 것으로 보인다.

　이러한 현상은 학생들이 대학원 진학을 꺼리는 데에 근본원인이 있다고 할 수 있다. 극심한 취업난과 불투명한 미래 때문에 학생들은 그 어느 때보다 열심히 취업준비에 매진하고 있는 현실에서, 대학원 진학이 취업에 별다른 도움이 되지 않을 뿐만 아니라 오히려 취업을 위한 운신의 폭을 더욱 좁히는 역할을 할 수도 있다는 우려로 인해 이는 너무나도 당연한 현상이라고 할 수 있다. 이에 국내 최고의 대학들마저 대학원생 유치가 예전같지 않은 상황이다. 따라서, 학부과정의 수업을 들으면서 그와 관련되는 대학원 수준의 고급내용에 관심을 보이는 학생이 압도적으로 줄어들었다고 할 수 있다. 그런 의미에서 조승모(2014)는 최소한 학부과목의 교재로서는 배우지도 않는 과도한 내용을 추가로 담고 있는 교재로 치부되는 경향이 있는 것 같다.

　이와 관련하여, 학생들의 경제적인 부담문제 또한 고려하지 않을 수 없다. 예전과 달리, 학생들은 전공교재를 구매하는 데에 정말 인색하다. 그래서 가능한한 교재를 구매하지 않고 수업을 들으려고 하거나, 교재가 꼭 필요한 경우 여러명이 책 한권을 공유하거나, 심지어는 불법복제물을 들고 다니기도 한다. 불법복제와 같은 일은 법적으로도 윤리적으로도 용인될 수 없는 행태이지만, 그런 불법까지 자행하는 학생들의 항변에도 어느 정도 일리는 있다. 수업에서 모두 다루지도 않을 교재를, 그것도 한 학기가 지나면 다시 보지도 않을 책을 왜 그토록 비싼 값을 치르며 사야하느냐 하는 것이다.

물론, 전공교재는 독자가 적어서 값이 비싸지 않으면 출판하기 어렵다. 출판사 입장에서 수요가 적은 전공교재의 출판으로 수익을 내기가 어렵기 때문에 가격을 높일 수 밖에 없는 것이다. 사실 외국, 특히 미국에 비한다면 우리나라 전공교재의 값은 그렇게 높지도 않다. 미국의 전공교재들은 권당 수십만원씩 가격이 책정되어 있기 때문이다. 아마존 등에서 미국 전공교재들을 검색해보면 이게 무슨 말인지 알 수 있을 것이다.

그리고 학생들의 이러한 인색한 전공교재 구매행태는 출판산업을 더욱 어렵게 만들어 장기적으로 실업문제와 경제상황에 악영향을 끼치고 있는 측면이 분명히 있다. 뿐만 아니라 이러한 전공교재 출판시장의 위축은 궁극적으로 상업성이 떨어지는 우리말로 된 전공교재의 멸종과 그에 따른 더 비싼 외국어로 된 전공교재에 대한 의존으로 이어져 학생들에게 오히려더 큰 부담으로 돌아올 수도 있다.

하지만, 학생들의 말처럼, 수업에서 모두 다루지도 않을 내용에 대한 비용까지 지불하게 하는 것은 분명 학생들 입장에서 부담스러운 것이 사실이다. 따라서, 대학원 수준의 고급지식을 원하지 않는 학생들에게 그러한 고급지식을 추가적인 비용까지 부담시키면서 제공하는 조승모(2014)는 그런 의미에서 학부과목의 교재로 적절하지 않다고 할 수 있다.

이 책은 저자가 2014년부터 2016년까지 매 1학기에 영남대학교 경제금융학부에서 "파생금융상품의 이해" 과목의 한국어 강의와 영어 강의를 통해 실제로 학부생들에게 가르친 내용을 기반으로 집필되었으며, 실제 한 학기 동안 강의할 분량만을 수록하고 있다. 다만, 2014년부터 2016년까지 "파생금융상품의 이해" 과목의 교재가 조승모(2014)였던 만큼, 조승모(2014)의 내용 중 학부강의에 적합한 부분을 바탕으로 하고 있다.

조승모(2014)의 서문을 보면, 조승모(2014)를 학부강의에 이용할 때 조승모(2014)의 전체 내용중 발췌해서 가르칠 부분을 제시하고 있는데, 이 책의 내용은 근본적으로 이와 동일하다. 하지만, 조승모(2014)에서 내용을 직접 발췌해서 작성하는 방식이 아니라, 동일한 내용이라도 완전히 새로 쓰는 방식으로 이 책을 집필하였으므로, 그 구성과 서술은 조승모(2014)와 차이가 있다.

이 책은 상경계열에 진학하였으나 수학을 두려워하는 학생들을 위해 수학의 사용을 최소화하였다. 미적분학 등은 배제하고 직선의 그래프를 그릴 줄 알고 계산기를 다룰 줄 아는 정도면 이 책의 내용을 충분히 이해할 수 있도록 쉽게 썼다. 따라서 학생들은 이 책으로 공부하면서 수학에 대한 공포심을 가질 필요가 없다고 하겠다.

다른 교재에 비해 이 책의 분량이 너무 적어보인다는 지적이 충분히 있을 수 있는데, 이는 저자의 강의철학과 관련되어 있다. 몇년간 학생들을 가르치면서 깨달은 바가 있다면, 학생들은 생각보다 쉽게 잊어버린다는 점과, 학생들의 망각을 늦추려면 적은 내용을 반복해서 가르치는 방식이 최선이라는 점이다. 저자는 가르쳐야 할 내용의 1/10을 추려서 가르치되, 그 1/10만 알면 스스로 지식을 확장할 수 있는 가장 핵심적인 1/10을 가르쳐 가르치는 분량을 줄이고, 분량이 줄어들어 남는 시간에 동일한 내용을 반복해서 가르치는 방식을 기본 강의방식으로 삼고 있다. 저자의 경우, 이러한 방식을 통해 2014년과 2016년에 영남대학교 강의우수교수상을 수상한 바 있으니, 이 책을 이용해서 강의를 하시고자 하는 교수님들께는 이러한 강의방식을 한번 사용해보시길 권해드리는 바이다.

이와 관련하여, 이 책도 조승모(2014)와 마찬가지로 유사한 내용에 대해 동일하거나 유사한 표현을 반복하는 형태로 집필되었는데, 이는 교육에서 반복의 중요성을 강조하는 저자의 철학을 반영하여 의도된 것이다. 그러니 동일하거나 유사한 표현이 반복해서 등장한다고 저자를 게으른 사람으로 치부하고 비난하지 않길 바란다.

이 책은 ko.TeXLive 2016과 WinEdt 10.1을 사용하여 LaTeX 언어로 집필하였고, ko.TeXLive 2016에 포함된 pdfLaTeX로 컴파일하여 제작하였다. 이 책에 등장하는 모든 그래프는 GeoGebra를 이용하여 작성한 후 Inkscape를 이용하여 파일 포맷을 변환하는 과정을 거쳐 포함하였으며, 부록 A의 표준정규분포표는 StataMP 12로 작성하였다. 이 책에 등장하는 계산은 모두 CASIO Scientific Calculator fx-570ES 계산기로 계산하였다.

이 책의 표지 또한 Inkscape를 이용하여 저자가 직접 디자인하였는데, 이 책이 조승모(2014)와 시리즈인 관계로 이 책의 표지도 조승모 (2014)의 표지와 유사한 형태로 디자인하였다. 마찬가지로 이 책의 본문 디자인 또한 같은 시리즈인 조승모 (2014)와 동일하게 하였으며, 이 책의 표지를 비롯하여 본문의 내용과 디자인 등 이 책의 모든 부분은 저자가 직접 디자인하고 작성한 것이다.

　　이 책이 나오기까지 조승모(2014)를 학부 주교재로 사용하면서 유익한 피드백을 보내준 영남대학교 학생들에게 우선 감사의 마음을 전하는 바이다. 또한, 이제 막 돌이 지난 딸아이를 돌보며 내조를 해준 사랑하는 아내와, 지금도 곤히 잠들어 아빠가 마음 놓고 책을 쓸 수 있도록 적극 협조해주고 있는 귀염둥이 딸아이에게도 고마움을 표하고 싶다. 이 책이 학생들의 공부와 교수님들의 강의에 조금이나마 도움이 되길 바라는 바이다.

2017년 2월 20일

영남대학교 경제금융학부

조교수 조 승 모

# 차 례

# 제 1 장

# 금융의 기초

너무나도 당연한 얘기지만, 강의를 하다보면 선행과목에서 배웠던 내용이 필요한 경우가 종종 있다. 이럴 때 학생들에게 "이거 OO과목에서 배웠지요?"하고 질문하면 백에 한둘(열에 한둘이 아니다!)은 "예!"라고 대답하지만, 또 다른 한둘은 "배우긴 한 것 같은데 잊어버려서..."라며 말끝을 흐린다. 말끝을 흐리더라도 이런 학생들은 간단한 복습으로 배운 내용을 복원할 수 있다. 하지만, 대부분의 학생들은 그게 도대체 언제 배운 건지, 아니 과연 배운 적이 있긴 한 건지 의아하다는 표정으로 교수를 쳐다보곤 한다. 교수가 묻는 걸 보니, 또, 다른 학생들이 배웠다고 하는 걸 보니 배운 게 맞긴 한 모양인데, 도통 기억이 나지 않아 미치겠다는 표정이다.

굳이 몇년전에 다른 과목에서 배운 내용을 얘기할 것도 없다. 중간고사 이전에 배웠던 내용을 중간고사 이후에 물어보면 의외로 아는 학생이 적어서 놀라는 경우가 많다. 중간고사에서 핵심적인 역할을 해서, 외우지 않으면 시험을 볼 수 없을 정도로 꼭 필요한, 분명히 중간고사를 위해서 맹렬하게 공부했었음에 틀림이 없는 공식조차도, 중간고사 이후에 퀴즈를 쳐보면 제대로 적는 학생이 정말 백에 한둘 정도 밖에 없다. 그렇다! 학생들은 초단기 기억에 의존해서 대학생활을 하고 있는 것이다! 최소한 전공과목 내용에 관해서는 말이다.

이번 장에서는 이 책을 공부하기 위해 필요한 기초적인 내용에 대해 복습하기로 한다. 기초적인 금융과목들에서 들었을 법한 내용들이지만, 초단기 기억에 의존해서 대학생활을 하고 있는 학생들을 위해 가능한한 상세하게 복습하기로 한다. 독자들은 혹시 본인이 초단기 기억력을 가진 대학생이 아닌지 스스로 확인해보기 바란다. 스스로 초단기 기억력을 가진 대학생이 아니라는 확신이 든다면 이 장은 공부하지 않아도 좋다.

# 1   금융시장

여러분이 햄버거 가게에서 아르바이트를 하고 있다고 가정하자. 여러분 중 일부는 이렇게 해서 번 돈을 여자친구(혹은 남자친구)에게 줄 선물을 사기 위해 저축을 할 것이고, 일부는 더 큰 돈을 벌기 위해 주식에 투자할 것이다. 어쩌면 이렇게 번 돈이 턱없이 적어서 데이트 비용, 아니 그냥 생활비로 쓰기에도 빠듯할 지도 모르겠다. 또 어떤 학생들은 집안 사정이 좋아서 부모님이 대주는 학비로 대학교육을 받고 있을 수도 있겠지만, 어떤 학생들은 학자금 대출로 대학교육을 받고 있을 것이다. 이와 같이, 자금이 필요해서 대출 등의 방법으로 자금을 구하는 사람들을 자금의 수요자라 하고, 자금이 남아서 혹은 투자

목적으로 자금을 저축이나 주식투자 등의 방법으로 제공하는 사람들을 자금의 공급자라 한다. 물론, 이런 자금의 수요자와 공급자가 개인에 국한되지는 않는다. 정부나 기업과 같은 큰 조직들도 외부의 자금이 필요할 때가 있을 것이고, 자금이 남아서 저축이나 투자의 방법으로 외부에 공급하는 경우가 있을 수 있기 때문이다. 이와 같은 자금의 수요와 공급이 만나는 시장을 **금융시장**(*financial market*)이라 하는데, 금융시장은 다음의 정의 1 및 정의 2에서 보는 바와 같이 여러가지로 분류할 수 있다. 조승모(2011)의 제1장 1.3절에서도 이 절과 유사한 내용을 찾아볼 수 있다.

**정 의 1** (금융시장의 분류 1). 자금의 수요와 공급이 만나는 시장을 **금융시장**(*financial market*)이라 하는데, 금융시장은 자금의 수요와 공급을 매개하는 주체에 따라 다음과 같이 분류할 수 있다.

(*a*) **간접금융시장**(**indirect financial market**): 자금의 수요자와 공급자 사이의 거래가 은행, 보험사 등과 같은 금융기관의 중개로 간접적으로 이루어지는 시장.

(*b*) **직접금융시장**(**direct financial market**): 자금의 수요자와 공급자 사이의 거래가 **증권**(*security*)의 거래를 통해 직접 이루어지는 시장. **증권시장**(*securities market*)이라고도 한다.

   (1) **발행시장**(**primary market**): 특정 증권이 발행될 때에만 열리는 비상설 직접금융시장.

(2) **유통시장(secondary market)**: 이미 발행된 증권이 거래되는 상설 직접금융시장.

   (*i*) **장내시장(official market)**: 공식적인 *거래소(exchange)* 조직이 존재하는 유통시장.

   (*ii*) **장외시장(over-the-counter market)**: 공식적인 거래소 조직 없이 거래자들간에 사적으로 거래가 일어나는 유통시장.

**정 의 2** (금융시장의 분류 2). 금융시장은 거래되는 자금의 종류에 따라 다음과 같이 분류할 수 있다.

(*a*) **화폐시장(money market)**: *만기(maturity, expiry)* 1년 미만의 자금이 거래되는 시장.

(*b*) **자본시장(capital market)**: 만기 1년 이상의 자금이 거래되는 시장.

   (1) **주식시장(stock market)**: 기업의 소유권을 균등분할하여 만든 증권인 *주식(stock)*이 거래되는 시장.

   (2) **채권시장(bond market)**: 기업이나 정부기관 등이 외부로부터 자금을 차입하면서 발행한 증권인 *채권(bond)*이 거래되는 시장.

(*c*) **파생상품시장(derivatives market)**: 다른 자산의 가격에 연동되어 그 가격이 결정되는 *파생상품(derivative, derivative security)*이 거래되는 시장.

*(d)* **외환시장(foreign currencies market):** 여러 나라의
**통화***(currency)*가 거래되는 시장.

사람들은 증권의 발행시장이 중요하다는 것은 매우 쉽게 받
아들인다. 발행시장을 통해서 개인이나 기관이 가진 자금이 기
업으로 흘러들어가서 산업발전과 경제발전의 원동력이 되기 때
문이다. 하지만 유통시장에서는 아무리 거래가 일어나더라도
자금이 기업으로 흘러들어가지 않는다. 유통시장에서는 누군
가가 돈을 벌면 누군가는 돈을 잃는다. 유통시장을 도박판과
비슷하게 인식하는 사람들이 있다. 물론 완전히 틀린 말은 아
니다. 하지만 더 극단적으로, 그렇기 때문에 증권의 유통시장
이 필요없다고 주장한다면 이는 틀린 말이다. 만약 유통시장
이 없다면 사람들은 발행시장에 참여하기를 꺼릴 것이기 때문
이다. 발행되는 증권을 발행시장에서 매수한 후, 이를 장기간
가지고만 있어야 한다면 이는 사람들에게 상당한 부담이 되기
때문이다. 따라서, 유통시장이 발달하면 자연스럽게 발행시장
도 발달하게 된다. 그러므로 유통시장은 발행시장을 활성화시
켜서 직접금융을 촉진시키는 역할을 한다는 점에서 그 의의를
찾을 수 있다.

**주    의 1.** 증권의 유통시장은 발행시장을 활성화시켜 직
접금융을 촉진시키는 역할을 한다.

## 2 화폐의 시간가치

배우 원빈은 이정범 감독의 2010년작 영화 "아저씨"에서 화려한 액션과 멋진 모습으로 뭇여성팬들의 마음을 뒤흔들어 놓았다. 영화가 절찬상영중일 당시, 남자친구와 함께 영화를 관람하던 여성들은 영화를 보다가 남자친구를 힐끗 돌아보면 웬 오징어 한마리가 옆에 앉아 있어서 놀라곤 했단다. 이와 관련하여, 조승모 교수의 강의를 듣던 어느 커플은 원빈과 조승모 교수 중 누가 더 나이가 많은가에 대해 논쟁을 벌이게 되었다. 여학생은 조승모 교수가 나이가 더 많을 것이라 주장하였고, 남학생은 원빈이 나이가 더 많을 것이라 주장하였다. 논쟁이 격화되어 결국 두 사람은 ₩100,000 내기를 하고 각자 인터넷을 검색해보기로 하였다. 자, 결과가 궁금하다면 여러분도 직접 검색해보기 바란다.

인터넷 검색결과, 이긴 사람이 ₩100,000을 당장 지급하라며 쾌재를 불렀다. 하지만, 진 사람은 당장 돈이 없다며 1년 후에 돈을 주겠다고 지급을 거부했다. 두 사람이 1년 후에 계속 만나고 있을지도 의문이거니와(사실 이 분쟁으로 둘이 헤어질 가능성도 배제할 수 없다.), 만약 1년 후에 계속 만나는 것이 확실하다고 하더라도 이긴 사람은 순순히 1년 후에 돈 ₩100,000을 지급받도록 기다리지 않을 것이다. 당장 내놓으라고 난리를 칠 것이 분명하다. 왜 그럴까? 바로, ***화폐의 시간가치**(time value of money)*때문이다.

화폐의 시간가치란, 동일한 금액이라도 시점에 따라 달라지는 화폐의 가치를 나타내는 개념이다. 이는 이자지급때문에 발생하는 현상이다. 즉, ₩100,000을 당장 지급받으면, 이자율이 연간 3%라고 할 때 그 돈을 은행에 1년간 예금하면 1년 후에 ₩103,000(= ₩100,000 × (1 + 0.03))을 가질 수 있기 때문에, 1년 후에 ₩100,000을 받는 것보다 1년 후 시점에서 비교해보면 유리하다는 것을 알 수 있다.

따라서, 동일한 금액도 그것이 평가되는 시점에 따라 다른 가치를 가질 수 있기 때문에 서로 다른 시점의 화폐금액을 비교하려면 동일시점의 가치로 모두 환산하여 비교할 필요가 있다고 하겠다. 위의 예를 일반화해보자. 연간이자율을 $r$이라 하고 $t$시점의 화폐금액을 $M_t$라 하자. 이때, $t$의 시간단위는 1년이다. 금융에서 별다른 말이 없으면 기본적으로 시간은 연단위로 하는 것으로 되어 있다. 그렇다면, $M_t$를 1년간 은행에 예금해두면 1년 후의 가치는 다음과 같이 될 것이다.

$$M_{t+1} = M_t(1 + r). \tag{1.1}$$

그럼 1년 더 은행에 예치해서 2년 후의 가치는 어떻게 될까? 식 1.1을 적용한 후, 이에 식 1.1을 대입하면 다음과 같다.

$$
\begin{aligned}
M_{t+2} &= M_{t+1}(1 + r) \\
&= M_t(1 + r)^2.
\end{aligned}
\tag{1.2}
$$

또 1년 더 은행에 예치해서 3년 후의 가치는 어떻게 될까? 식 1.1을 적용한 후, 이에 식 1.2를 대입하면 다음과 같다.

$$M_{t+3} = M_{t+2}(1 + r)$$
$$= M_t(1 + r)^3. \tag{1.3}$$

이제 규칙이 보이는가? 이를 일반화하면 미래 $T$시점에서의 가치는 다음과 같이 될 것이다.

$$M_T = M_t(1 + r)^{T-t}. \tag{1.4}$$

즉, $M_t$에 $(1 + r)$을 곱하고 $T$시점까지의 이자계산 횟수를 지수에 두면 되는 것이다. 이를 $M_t$의 **$T$시점에서의 미래가치(future value)**라 한다.

이때, 식 1.4의 양변을 $(1 + r)^{T-t}$로 나누면, 다음과 같은 식을 얻을 수 있다.

$$M_t = \frac{M_T}{(1 + r)^{T-t}}. \tag{1.5}$$

이를 $M_T$의 **$t$시점에서의 현재가치(present value)**라 한다.

식 1.4와 식 1.5를 이용하면, 연간이자율 $r$을 알고 있을 때, 미래 특정시점의 화폐금액을 현재가치로 환산하거나 현재시점의 화폐금액을 미래 특정시점의 미래가치로 환산하여 서로 다른 시점의 화폐금액을 서로 비교할 수 있게 된다.

식 1.4와 식 1.5는 1년에 이자계산을 한 번만 하는 경우를 상정하였는데, 만약 1년에 이자계산을 $m$ 번 하는 경우라면 두

식은 어떻게 되겠는가? 연간이자율이 $r$이면, 이자를 한 번 계산할 때 적용되는 이자율은 $r/m$이다. 그리고 $T-t$년 동안 이자계산 횟수는 $m(T-t)$ 번이 될 것이다. 예를 들어, 연간이자율이 12%이면 월간이자율은 12% ÷ 12 = 1%가 될 것이고, 3년간 은행에 예금해두고 매월 이자계산을 한다면 3년간 총 3×12 = 36번 이자계산을 하게 될 것이다. 따라서, 1년에 이자계산을 $m$번 하는 경우, 식 1.4와 식 1.5는 다음과 같이 될 것이다.

$$M_T = M_t \left(1 + \frac{r}{m}\right)^{m(T-t)}. \tag{1.6}$$

및

$$M_t = \frac{M_T}{\left(1 + \frac{r}{m}\right)^{m(T-t)}}. \tag{1.7}$$

한 걸음 더 나아가서, 만약 이자계산을 매순간 해서 1년에 무한대 번 이자계산을 하는 경우에는 어떻게 되겠는지 살펴보자. 이를 위해서 우선 다음과 같은 수학적 개념들을 알 필요가 있다.

**정    의 3** (상수 $e$와 지수함수(exponential function)).

$$e := \lim_{n \to \infty} \left(1 + \frac{1}{n}\right)^n$$

및

$$e^x := \lim_{n \to \infty} \left(1 + \frac{x}{n}\right)^n$$

단, ":="는 **정의상 같다(equal by definition)**는 의미이다.

**주 의 2.** $e = 2.71828\ldots$는 무리수이다.

따라서, 정의 3에 의하면 이자계산을 매순간 해서 1년에 무한대 번 하는 경우에는 식 1.6과 식 1.7이 각각 다음과 같이 된다.

$$M_T = \lim_{m \to \infty} M_t \left(1 + \frac{r}{m}\right)^{m(T-t)}$$
$$= M_t e^{r(T-t)}. \tag{1.8}$$
$$M_t = \frac{M_T}{e^{r(T-t)}}$$
$$= M_T e^{-r(T-t)}. \tag{1.9}$$

결국, 연간이자율 $r$과 연간 이자계산 횟수 $m$만 알고 있으면 식 1.4, 식 1.5, 식 1.6, 식 1.7, 식 1.8, 식 1.9를 이용해서 현재가치 $M_t$를 미래 $T$시점의 가치 $M_T$로 환산하거나 미래가치 $M_T$를 현재가치 $M_t$로 환산할 수 있게 되는 것이다. 따라서, 서로 다른 시점의 화폐금액들을 모두 동일시점의 것으로 바꾸어서 그 크기를 비교할 수 있게 되는 것이다.

편의상 다음 장부터 선도, 선물, 옵션을 다룸에 있어서 우리는 식 1.8과 식 1.9와 같이 이자계산을 매순간 해서 1년에 무한대 번 이자계산을 하는 경우를 가정해서 모든 논의를 진행하도록 하겠다. 다만, 이 장에서는 위의 세 가지 경우 모두에 대해 예제를 풀어보도록 하겠다.

**예    시 1.** 여러분은 여러분의 손자들을 위해 타임캡슐을 제작하기로 하였다. 타임캡슐에 넣기 위해 여러분이 쓰던 물건을 고르던 중, 여러분이 주문제작한 커플 반지를 타임캡슐에 넣기로 하였다. 현재시가로 이 커플 반지의 가격은 ₩200,000이다. 앞으로 100년동안 화폐가치의 변화가 없고 연간이자율이 5%로 일정하다고 가정할 때, 다음 물음에 답하시오.

**(1)** 이자계산을 연간 1회만 할 경우 100년 후 이 커플링의 가격은 현재의 화폐가치로 얼마나 되겠는가?

**(2)** 이자계산을 연간 4회 할 경우 100년 후 이 커플링의 가격은 현재의 화폐가치로 얼마나 되겠는가?

**(3)** 이자계산을 연간 매순간 경우 100년 후 이 커플링의 가격은 현재의 화폐가치로 얼마나 되겠는가?

**풀    이.** 현재시점을 $t$, 100년 후 미래시점을 $T$라 하자. 그러면 $T - t = 100$이다. 이 커플 반지의 현재가격을 $M_t$, 미래 $T$ 시점에서의 가격을 $M_T$라 하면, $M_t = ₩200,000$이다. 또한, 연간이자율이 5%이므로 $r = 0.05$이다.

**(1)** 다음과 같다.

$$M_T = M_t(1 + r)^{T-t}$$
$$= ₩200,000 \times 1.05^{100}$$
$$= ₩26,300,251.57.$$

**(2)** 연간 이자계산 횟수를 $m$이라 하면, $m = 4$이므로 다음

과 같다.

$$M_T = M_t \left(1 + \frac{r}{m}\right)^{m(T-t)}$$
$$= ₩200,000 \times \left(1 + \frac{0.05}{4}\right)^{4 \times 100}$$
$$= ₩28,776,816.69.$$

**(3)** 다음과 같다.

$$M_T = M_t e^{r(T-t)}$$
$$= ₩200,000 \times e^{0.05 \times 100}$$
$$= ₩29,682,631.82.$$

□

**예       시 2.** 800년전에 제작된 것으로 추정되는 고려청자 한 점이 경매에 나왔다. 최종 낙찰가격은 ₩15,000,000,000 으로 결정되었다. 지난 800년동안 화폐가치의 변화가 없었고 연간이자율이 1%로 일정했다고 가정할 때, 다음 물음에 답하시오.

**(1)** 이자계산을 연간 1회만 할 경우 제작당시의 이 고려청자의 가격은 현재의 화폐가치로 얼마나 되겠는가?

**(2)** 이자계산을 연간 4회 할 경우 제작당시의 이 고려청자의 가격은 현재의 화폐가치로 얼마나 되겠는가?

**(3)** 이자계산을 연간 매순간 경우 제작당시의 이 고려청자의 가격은 현재의 화폐가치로 얼마나 되겠는가?

**풀    이.** 현재시점을 $T$, 800년전 과거시점을 $t$라 하자. 그러면 $T - t = 800$이다. 이 청자의 현재가격을 $M_T$, 과거 $t$시점에서의 가격을 $M_t$라 하면, $M_T = ₩15,000,000,000$이다. 또한, 연간이자율이 1%이므로 $r = 0.01$이다.

**(1)** 다음과 같다.

$$
\begin{aligned}
M_t &= \frac{M_T}{(1+r)^{T-t}} \\
&= \frac{₩15,000,000,000}{1.01^{800}} \\
&= ₩5,235,910.724.
\end{aligned}
$$

**(2)** 연간 이자계산 횟수를 $m$이라 하면, $m = 4$이므로 다음과 같다.

$$
\begin{aligned}
M_t &= \frac{M_T}{\left(1 + \dfrac{r}{m}\right)^{m(T-t)}} \\
&= \frac{₩15,000,000,000}{\left(1 + \dfrac{0.01}{4}\right)^{4 \times 800}} \\
&= ₩5,082,426.701.
\end{aligned}
$$

**(3)** 다음과 같다.

$$
\begin{aligned}
M_t &= M_T e^{-r(T-t)} \\
&= ₩15,000,000,000 \times e^{-0.01 \times 800} \\
&= ₩5,031,939.419.
\end{aligned}
$$

$\square$

# 3 단순수익률과 로그 수익률

여러분 친구 중에 아주 똑똑한 친구가 있어서 모바일 서비스 업체를 창업하겠다고 하면서 여러분에게 투자를 적극 요청하였다. 너무나도 그 친구를 믿었기에 여러분이 저축해둔 돈 ₩50,000,000을 몽땅 그 회사에 투자하였다. 그리고 1년 후, 그 회사는 대성공을 거두어서 여러분의 투자수익률은 500%에 이르게 되었다(나도 이런 친구 하나 있으면 좋겠다). 그렇다면 투자후 1년 후에 여러분이 갖게 되는 돈은 얼마인가? 안타깝지만 지금까지의 정보만으로는 돈의 액수를 계산해낼 수 없다. 왜냐하면 수익률에는 두 종류가 있는데 어떤 수익률이 500%인지 알려져 있지 않기 때문이다. 이 절에서는 수익률의 개념에 대해 살펴보고, 수익률이 앞 절에서 배운 화폐의 시간가치와 어떤 관계에 있는지 살펴보도록 하자.

**정 의 4** (자연 로그). 양의 실수 $x > 0$에 대하여,

$$\ln x := \log_e x$$

를 $x$의 *자연 로그(natural logarithm)*라 한다.

**정 의 5** (단순수익률과 로그 수익률). $t$시점에서의 가치가 $M_t$인 투자안과 $t < T$인 두 시점 $t$와 $T$에 대하여,

14

(a) **단순수익률:** $R_{t,T}^M := \dfrac{M_T - M_t}{M_t}$를 $t$시점과 $T$시점 사이에 이 투자안의 **단순수익률(*simple rate of return*)**이라 한다.

(b) **로그 수익률:** $r_{t,T}^M := \ln \dfrac{M_T}{M_t}$를 $t$시점과 $T$시점 사이에 이 투자안의 **로그 수익률(*log rate of return*)**이라 한다.

정의 5에서, 단순수익률 식을 변형해보면 다음과 같이 된다.

$$R_{t,T}^M = \frac{M_T - M_t}{M_t}.$$
$$R_{t,T}^M = \frac{M_T}{M_t} - 1.$$
$$1 + R_{t,T}^M = \frac{M_T}{M_t}.$$
$$M_t\left(1 + R_{t,T}^M\right) = M_T.$$
$$\therefore\ M_T = M_t\left(1 + R_{t,T}^M\right). \tag{1.10}$$

여기서 식 1.10은 앞 절에서 배운 화폐의 시간가치 식이고, 이 때 $R_{t,T}^M$은 $t$시점에서 $T$시점 사이에 이자계산을 한 번만 할 때 두 시점 사이에 적용되는 이자율이라고 할 수 있다.

정의 5에서, 로그 수익률 식을 변형해보면 다음과 같이 된다.

$$r_{t,T}^M = \ln \frac{M_T}{M_t}.$$

$$e^{r_{t,T}^M} = \frac{M_T}{M_t}.$$

$$M_t e^{r_{t,T}^M} = M_T.$$

$$\therefore \ M_T = M_t e^{r_{t,T}^M}. \tag{1.11}$$

여기서 식 1.11은 앞 절에서 배운 화폐의 시간가치 식이고, 이 때 $r_{t,T}^M$은 $t$시점에서 $T$시점 사이에 이자계산을 매순간 하여 무한대 번 계산할 때 두 시점 사이에 적용되는 이자율이라고 할 수 있다. 식 1.11과 앞 절의 식 1.8을 비교해보면, 식 1.11의 $r_{t,T}^M$이 식 1.8의 $r(T-t)$에 해당된다는 것을 알 수 있는데, $r(T-t)$은 연간이자율이 $r$일 때, $T-t$시점 사이에 적용되는 이자율이다. 예를 들어, 연간이자율이 12%이면 1개월이 $\frac{1}{12}$년이므로, 월간 이자율은 $12\% \times \frac{1}{12} = 1\%$가 되며, 2년간의 이자율은 $12\% \times 2 = 24\%$가 되는 것과 같은 이치이다. 다시 한 번 강조하지만, 금융에서 시간단위는 기본적으로 연(year)이다.

**주 의 3.** $t$시점에서의 가치가 $M_t$인 투자안과 $t < T$인 두 시점 $t$와 $T$에 대한 단순수익률 $R_{t,T}^M$과 로그 수익률 $r_{t,T}^M$에 대하여,

(a) $R_{t,T}^M$은 $t$시점에서 $T$시점 사이에 이자계산을 한 번만 할 때 두 시점 사이에 적용되는 이자율이라고 할 수 있다.

(b) $r_{t,T}^M$은 $t$시점에서 $T$시점 사이에 이자계산을 매순간 하여

16

무한대 번 계산할 때 두 시점 사이에 적용되는 이자율
이라고 할 수 있다.

따라서, 결국 단순수익률과 로그 수익률은 화폐의 시간가치
에서 두 시점의 시간가치를 알고 있을 때 구해낸 두 시점 사
이의 이자율이라 할 수 있다. 다만, 단순수익률은 두 시점 사
이에 이자계산을 한 번만 하는 경우의 이자율이고, 로그 수익
률은 두 시점 사이에 이자계산을 무한대 번 하는 경우의 이자
율이라는 점만 다를 뿐이다. 결국, 화폐의 시간가치가 이자율
을 알고 있는 상태에서 화폐의 미래가치나 현재가치를 구하는
얘기였다면, 수익률은 화폐의 미래가치와 현재가치를 알고 있
는 상태에서 이자율을 계산하는 얘기라고 할 수 있는 것이다.
그런 의미에서, 화폐의 시간가치와 투자안의 수익률은 동전의
양면과 같다고 할 수 있다.

화폐의 시간가치에서 연간이자율이 일정했던 것처럼, 수익
률을 계산할 때에도 일정한 연간수익률을 계산해낼 수는 없을
까? 화폐의 시간가치 식에서 화폐의 현재가치와 미래가치를 알
고 있는 상태에서 구해낸 이자율이 수익률이기 때문에, 이를 이
용하면 충분히 계산해낼 수 있을 것이다. 즉, 1년에 $m$ 번 수익
률 계산을 하는 경우, $t$시점과 $T$시점 사이에 적용되는 연간수
익률을 $R^M$이라 하면 다음과 같이 $R^M$을 구할 수 있을 것이다.

$$M_T = M_t \left(1 + \frac{R^M}{m}\right)^{m(T-t)}.$$

$$\frac{M_T}{M_t} = \left(1 + \frac{R^M}{m}\right)^{m(T-t)}.$$

$$\sqrt[m(T-t)]{\frac{M_T}{M_t}} = 1 + \frac{R^M}{m}.$$

$$\sqrt[m(T-t)]{\frac{M_T}{M_t}} - 1 = \frac{R^M}{m}.$$

$$m \left[ \sqrt[m(T-t)]{\frac{M_T}{M_t}} - 1 \right] = R^M.$$

$$\therefore \ R^M = m \left[ \sqrt[m(T-t)]{\frac{M_T}{M_t}} - 1 \right]. \qquad (1.12)$$

식 1.12를 $t$시점과 $T$시점 사이에 수익률 계산을 연간 $m$ 번할 때 이 투자안의 **연평균 단순수익률**(*annual average simple rate of return*)이라 한다. 물론, 이때 $m = 1$을 대입하면 연간 이자계산을 한 번만 할 때의 연평균 단순수익률을 얻을 수 있을 것이다.

매순간 수익률 계산을 하여 1년에 무한대 번 수익률 계산을 하는 경우, $t$시점과 $T$시점 사이에 적용되는 연간수익률을 $r^M$이라 하면 다음과 같이 $r^M$을 구할 수 있을 것이다.

$$M_T = M_t e^{r^M(T-t)}.$$

$$\frac{M_T}{M_t} = e^{r^M(T-t)}.$$

$$\ln \frac{M_T}{M_t} = r^M(T-t).$$

$$\frac{1}{T-t} \ln \frac{M_T}{M_t} = r^M.$$

$$\therefore \ r^M = \frac{1}{T-t} \ln \frac{M_T}{M_t}. \tag{1.13}$$

식 1.13을 $t$시점과 $T$시점 사이에 이 투자안의 **연평균 로그 수익률**(*annual average log rate of return*)이라 한다.

**정    의 6** (연평균 단순수익률과 연평균 로그 수익률). $t$ 시점에서의 가치가 $M_t$인 투자안과 $t < T$인 두 시점 $t$와 $T$ 에 대하여,

(a) **연평균 단순수익률:** $R^M := m \left[ \sqrt[m(T-t)]{\frac{M_T}{M_t}} - 1 \right]$를 $t$시점과 $T$시점 사이에 수익률 계산을 연간 $m$ 번 할 때 이 투자 안의 **연평균 단순수익률**(*annual average simple rate of return*)이라 한다.

(b) **연평균 로그 수익률:** $r^M := \frac{1}{T-t} \ln \frac{M_T}{M_t}$를 $t$시점과 $T$시점 사이에 이 투자안의 **연평균 로그 수익률**(*annual average log rate of return*)이라 한다.

19

**예    시 3.** 조선초기에 제작된 것으로 추정되는 조선백자 한점을 ₩50,000,000에 구입하였다. 이를 5년 후 경매에 내어놓아 ₩90,000,000에 처분하였다고 할 때, 다음 물음에 답하시오.

**(1)** 5년간 단순수익률은 몇%인가?

**(2)** 5년간 로그 수익률은 몇%인가?

**(3)** 연간 수익률 계산을 2번 한다고 할 때, 5년간 연평균 단순수익률은 몇%인가?

**(4)** 5년간 연평균 로그 수익률은 몇%인가?

단, 소수점 다섯째 자리에서 반올림하여 나타내시오.

**풀    이.** 조선백자를 구매한 시점을 $t$시점, 5년 후 매각한 시점을 $T = t + 5$라 하고, 조선백자의 $t$시점과 $T$시점에서의 가치를 각각 $M_t$ 및 $M_T$라 하자. 그러면, $M_t =$ ₩50,000,000 및 $M_T =$ ₩90,000,000이다.

**(1)** 5년간 단순수익률은 다음과 같다.

$$
\begin{aligned}
R_{t,T}^{M} &= \frac{M_T - M_t}{M_t} \times 100 \\
&= \left[ \frac{M_T}{M_t} - 1 \right] \times 100 \\
&= \left[ \frac{₩90,000,000}{₩50,000,000} - 1 \right] \times 100 \\
&= 80\%.
\end{aligned}
$$

(2) 5년간 로그 수익률은 다음과 같다.

$$
\begin{aligned}
r_{t,T}^M &= \left[ \ln \frac{M_T}{M_t} \right] \times 100 \\
&= \left[ \ln \frac{\text{\textwon}90,000,000}{\text{\textwon}50,000,000} \right] \times 100 \\
&= 58.7787\%.
\end{aligned}
$$

(3) 연간 수익률 계산을 2번 한다고 할 때, 5년간 연평균 단순수익률은 다음과 같다. 단, 연간 수익률 계산을 2번 하므로 $m = 2$이다.

$$
\begin{aligned}
R^M &= m \left[ \sqrt[m(T-t)]{\frac{M_T}{M_t}} - 1 \right] \times 100 \\
&= 2 \times \left[ \sqrt[2 \times 5]{\frac{\text{\textwon}90,000,000}{\text{\textwon}50,000,000}} - 1 \right] \times 100 \\
&= 12.1081\%.
\end{aligned}
$$

(4) 5년간 연평균 로그 수익률은 다음과 같다.

$$
\begin{aligned}
r^M &= \left[ \frac{1}{T-t} \ln \frac{M_T}{M_t} \right] \times 100 \\
&= \left[ \frac{1}{5} \times \ln \frac{\text{\textwon}90,000,000}{\text{\textwon}50,000,000} \right] \times 100 \\
&= 11.7557\%.
\end{aligned}
$$

□

# 4   연습문제

**문     제 1.** 금융시장의 경제적 기능에 대해 논해보시오.

**문     제 2.** (주)강물실업은 ₩500,000,000,000의 당기순이익을 실현하였으나 세계적인 불경기를 맞아 투자처를 찾지 못하였다. 5년 후에 경기가 살아날 때를 대비하여 이 자금을 연간이자율 3%로 은행에 예치하고자 한다.

(1) 이자계산을 연간 1회만 할 경우 5년 후 이 자금은 현재의 화폐가치로 얼마나 되겠는가?

(2) 이자계산을 연간 8회 할 경우 5년 후 이 자금은 현재의 화폐가치로 얼마나 되겠는가?

(3) 이자계산을 연간 매순간 경우 5년 후 이 자금은 현재의 화폐가치로 얼마나 되겠는가?

**문     제 3.** 퇴직이 5년 남은 직원이 있다. 그런데 급하게 자금이 필요해서 퇴직금 중 ₩10,000,000을 지금 미리 지급받고자 한다. 연간이자율이 3%로 일정했다고 가정할 때, 다음 물음에 답하시오.

(1) 이자계산을 연간 1회만 할 경우 지급받을 금액은 얼마나 되겠는가?

(2) 이자계산을 연간 4회 할 경우 지급받을 금액은 얼마나 되겠는가?

**(3)** 이자계산을 연간 매순간 경우 지급받을 금액은 얼마나 되겠는가?

**문  제 4.** 아파트 한 채를 ₩400,000,000에 매수하였다. 이를 10년 후 ₩600,000,000에 매도하였다고 할 때, 다음 물음에 답하시오.

**(1)** 10년간 단순수익률은 몇%인가?

**(2)** 10년간 로그 수익률은 몇%인가?

**(3)** 연간 수익률 계산을 4번 한다고 할 때, 10년간 연평균 단순수익률은 몇%인가?

**(4)** 10년간 연평균 로그 수익률은 몇%인가?

단, 소수점 다섯째 자리에서 반올림하여 나타내시오.

# 제 2 장

# 선도와 선물의 이해

지금은 그런 사람이 없겠지만, 1950년대에 한국생산성본부가 처음 설립되었을 때, 종종 임산부들이 찾아오곤 했다고 한다. 당시만 해도 "생산"이라는 말이 지금의 "출산"과 같은 의미로 쓰였기 때문이다. 조선시대를 배경으로 하는 사극을 보면 "중전마마께서 왕자님을 생산하셨습니다."와 같은 대사를 종종볼 수 있는데, 원래 "생산"이라는 말은 아이를 낳는다는 의미였다. 마찬가지로, 1996년 5월 3일 대한민국에 최초로 선물시장이 개장되었을 때, 사람들은 "선물"이라고 하면 생일이나 기념일에 주고 받는 그 선물로 생각하는 경우가 많았다.

이 책을 읽는 학생들 중에 "뭐? 그 선물이 아니라고?"라고 생각하고 있는 학생이 있다면, 더 이상 긴 말은 하지 않겠다. 이렇게 얘기하면 "처음부터 다 아는 사람이 어디 있다고 핀잔이람?"하고 반발할지도 모르겠다. 다 알고 있을 수는 없겠지만 최소한 그 선물이 그 선물이 아니라는 것 정도는 알고서 이 책을 보고 있는 게 일반적이지 않을까 싶어서 한 말인데, 아니면

할 수 없고...

어쨌건, 이 장에서는 선물이 무엇이며 어디에 어떻게 쓰는 것인지 알아보도록 한다. 그리고 그 선물의 원형이 되는 선도가 선물과 어떻게 다른지도 알아보기로 한다. 그리고 마지막으로 선도와 선물이 왜 중요한지, 어떤 경제적 기능을 하는지 살펴보기로 하자.

# 1  선도와 선물

여자친구의 생일이 한 달 후로 다가왔다. 편의상 여러분이 이성연애를 하는 남학생이라고 가정하겠다. 여자친구는 음식이나 데이트보다도 금으로 된 장신구를 아주 좋아한다. 그래서 여러분은 여자친구의 생일을 맞아 금반지를 선물하기로 마음 먹었다. 예쁜 금반지를 찾아서 이리저리 알아보던 중, 여러분은 금시세가 매일매일 변한다는 것을 알게 되었다. 금값이 지금보다 내리면 다행이겠지만, 만약 폭등한다면 지금 사두지 않은 것을 후회할 것 같다. 그렇지만 금반지가 생각보다 비싸서 지금 수중에 있는 돈으로는 도저히 살 수 없을 것 같다. 그래서 어느 보석상에 들러서, 한달후에 이러저러한 디자인의 이런 금반지를 꼭 사러 올테니 지금 선금 5만원만 주면 안 되겠냐고 물어보았더니 흔쾌히 그렇게 하자고 하는 것이 아닌가? 그래서 그 금반지의 모델명과 추가적인 요구사항, 한달후에 완납할 금반지의 가격, 그리고 지금 지불하는 선금의 액수를 영수증에 적어 서로 나누어 가졌다. 이것이 바로 **선도(*forward*) 혹은 선도계약(*forward contract*)**이다.

**정 의 7** (선도). 어떤 자산에 대하여,

(a) **선도(forward) 혹은 선도계약(forward contract):** 특정자산을, 미래의 특정시점에, 현재 정한 특정가격으로 서로 사고 팔기로 양 당사자간에 맺은 사적인 계약.

(b) **기초자산(underlying asset):** 선도계약의 거래대상이 되는 특정자산.

(c) **만기(maturity, expiry):** 선도계약에 의해 기초자산이 거래되는 특정 미래시점.

(d) **선도가격(forward price):** 선도의 계약 당시에 정한 특정가격으로 만기에 기초자산을 거래하는 데에 적용되는 가격.

선도는 계약의 양당사자간의 사적인 계약이기 때문에 기초자산과 만기 등 계약의 조건을 마음대로 정할 수 있다는 장점이 있다. 하지만, 역시 사적인 계약이기 때문에 만기에 어느 한 쪽이 계약이행을 거부하는 경우 이를 막을 방법이 사실상 없다는 데에 그 한계가 있다고 할 수 있다. 이를 *계약불이행위험(risk of contract breach)*이라 한다. 물론, 민사소송이라는 방법이 있긴 하지만 이는 시간과 비용이 많이 들며, 계약불이행위험을 근본적으로 제거해주는 수단은 아니라 할 수 있다. 이러한 계약불이행위험을 제도적으로 제거하기 위해 *거래소(exchange)*라는 공식조직이 개입해서 선도를 표준화한 상품을 *선물(futures) 혹은 선물계약(futures contract)*라 한다.

**정    의 8** (선물). 어떤 자산에 대하여,

(a) **선물(futures) 혹은 선물계약(futures contract):** 특정 자산을, 미래의 특정시점에, 현재 정한 특정가격으로 서로 사고 팔기로 양 당사자간에 맺은 공적인 계약으로서 선도계약을 표준화하여 거래소에서 거래가 이루어지는 계약.

(b) **기초자산(underlying asset):** 선물계약의  거래대상이 되는 특정자산.

(c) **만기(maturity, expiry):** 선물계약에  의해  기초자산이 거래되는 특정 미래시점.

(d) **선물가격(futures price):** 선물의 계약 당시에 정한 특정가격으로 만기에 기초자산을 거래하는 데에 적용되는 가격.

**주    의 4.** 선물은 선도를 표준화하여 거래소에서 거래가 이루어지는 공적인 계약이라는 사실과, 명칭이 선도가 아니라 선물이라는 점, 그리고 선도가격이라는 이름 대신 선물이라는 이름을 쓴다는 것 이외에는 기본적으로 선도와 같다.

그렇다면, 왜 선도의 경우 계약불이행위험이 있을 수 밖에 없는지, 그리고 어떻게 선물은 이러한 위험을 제거할 수 있는지 살펴보기로 하자. 이를 위해서는 **포지션(position)**과 **수익(profit)**의 개념을 숙지할 필요가 있다. 2절에서는 포지션과

수익의 개념을 알아보고 이를 토대로 선도의 계약불이행이 왜 일어나는지를 살펴보기로 한다. 이어서 3절에서는 선물시장의 제도를 통해서 어떻게 계약불이행위험이 제거되는지, 그리고 그러한 제도에도 불구하고 어째서 선물이 선도와 본질적으로 같은 상품일 수 밖에 없는지에 대해 알아보기로 한다.

## 2 포지션과 수익

이 절에서는 포지션과 수익의 개념을 살펴보고 이를 통해 왜 선도의 경우 계약불이행위험이 존재하는지 알아보고자 한다. 이 절은 조승모(2014)의 제3장 1절 및 제3장 3절을 바탕으로 이에 내용을 가감하여 작성되었다. 다만, 이 절의 정의 10에서 설명하는 **수익(profit)**의 개념은 조승모(2014)의 제3장 1절 내용과 조금 다르며, 이 절의 주의 6과 그 관련 내용은 조승모(2014)의 제3장 3절에 등장하는 주의 6과 그 관련 내용(조승모(2014)의 제3장 3절에서 정의 18 바로 다음에 등장하는 내용)을 조금 더 간략하게 설명한 후 이에 내용(이 절의 주의 6 직후에 등장하는 내용)을 조금 더 덧붙인 것이다. 이외의 모든 내용은 서술방식만 다를 뿐 사실상 조승모(2014)의 제3장 1절에 등장하는 해당 내용과 동일하다고 할 수 있다.

우선 포지션의 개념에 대해 알아보자.

정    의 9 (포지션). 어떤 자산(현금이 아니라 **자산(asset)**)이 있을 때,

29

(a) **공매도(short sale, short selling, shorting)**: 보유하지 않은 자산을 빌려와서 매도한 후 나중에 되사서 갚는 경우를 **공매도(*short sale, short selling, shorting*)** 라 한다.

(b) **롱 포지션(long position)**: 해당 자산을 매수하거나 이미 보유중이면 그 자산에 **롱 포지션(*long position*)**을 취한다고 한다.

(c) **숏 포지션(short position)**: 해당 자산을 공매도하거나 보유할 예정이면 그 자산에 **숏 포지션(*short position*)**을 취한다고 한다.

다음으로 페이오프와 수익에 대해 알아보자.

**정    의 10** (페이오프와 수익). 어떤 자산(현금이 아니라 자산, asset)에 특정 포지션을 취한 상태에서

(a) **페이오프(payoff)**: 그 자산 및 포지션에 기인하는 모든 권리와 의무가 해당 투자자로부터 사라질 때 발생하는 현금흐름을 그 시점에서 그 자산 및 포지션의 **페이오프(*payoff*)**라 한다.

(b) **수익(profit)**: 그 자산 및 포지션에 기인하는 모든 권리와 의무가 해당 투자자에게 발생해서 사라질 때까지의 현금흐름을 모두 합한 것을 그 자산 및 포지션의 **수익(*profit*)**이라 한다.

**주      의 5.** 수익은 양일 수도 음일 수도 있다. 특히, 양의 수익을 **이익(gain)**, 음의 수익을 **손실(loss)**이라고 구분하여 부르기도 한다.


**정      리 1** (페이오프와 수익). $t$시점에서의 가격이 $S_t$인 자산과 시점 $t < T$에 대해서,

(a) $t$시점에서 롱 포지션을 취할 때 $T$시점에서의 페이오프:
$S_T$,

(b) $t$시점에서 롱 포지션을 취할 때 $T$시점까지의 수익:
$S_T - S_t$,

(c) $t$시점에서 숏 포지션을 취할 때 $T$시점에서의 페이오프:
$-S_T$,

(d) $t$시점에서 숏 포지션을 취할 때 $T$시점까지의 수익:
$-(S_T - S_t)$.

**증      명.** (a) $t$시점에서 이 자산에 롱 포지션을 취하는 경우, 이 자산과 관련한 권리나 의무가 해당 투자자에게 발생하는데, $T$시점에서 이를 사라지게 하려면 $T$시점에서 이 자산을 매도하거나 $T$시점이 이 자산의 만기이면 된다. 이때 발생하는 현금흐름은 이 자산을 매도한 가격 혹은 이 자산으로부터 발생하는 만기가치인 $S_T$이다. 따라서, 이 자산에 대해 $t$시점에서 롱 포지션을 취할 때 $T$시점에서의 페이오프는 $S_T$가 된다.

(*b*) $t$시점에서 이 자산에 롱 포지션을 취할 때 발생하는 현금흐름은 이 자산을 매수하면서 지급한 이 자산의 가격인 $-S_t$가 될 것이다. 따라서, $T$시점에서 발생하는 현금흐름인 $S_T$와 이 현금흐름을 합치면 $S_T - S_t$가 된다. 즉, 이 자산에 대해 $t$시점에서 롱 포지션을 취할 때 $T$시점까지의 수익이 $S_T - S_t$인 것이다. 이를 그림으로 나타낸 것이 그림 2.1이다.

(*c*) $t$시점에서 이 자산에 숏 포지션을 취하는 경우, 이 자산을 공매도하거나 보유할 예정이므로, 이 자산을 매수할 의무가 해당 투자자에게 발생하는데, $T$시점에서 이를 사라지게 하려면 $T$시점에서 이 자산을 매수하거나 $T$시점이 이 자산의 만기이면 된다. 이때 발생하는 현금흐름은 이 자산을 매수한 가격 혹은 이 자산으로부터 지급해야 하는 만기가치인 $-S_T$이다. 따라서, 이 자산에 대해 $t$시점에서 숏 포지션을 취할 때 $T$시점에서의 페이오프는 $-S_T$가 된다.

(*d*) $t$시점에서 이 자산에 숏 포지션을 취할 때 발생하는 현금흐름은 이 자산을 공매도한 가격 혹은 향후 보유를 위해 유보해두는 가격인 $S_t$가 될 것이다. 따라서, $T$시점에서 발생하는 현금흐름인 $-S_T$와 이 현금흐름을 합치면 $-(S_T - S_t)$가 된다. 즉, 이 자산에 대해 $t$시점에서 숏 포지션을 취할 때 $T$시점까지의 수익이 $-(S_T - S_t)$인 것이다. 이를 그림으로 나타낸 것이 그림 2.2이다.                                  □

지금까지 배운 포지션, 페이오프, 수익의 개념 중에서 포지션의 개념이 선도의 경우에는 일반적인 자산의 경우와 조금 다르다고 할 수 있다. 따라서, 당연히 페이오프와 수익도 일반적인 자산의 경우와 조금 달라질 수 밖에 없다. 포지션, 페이오

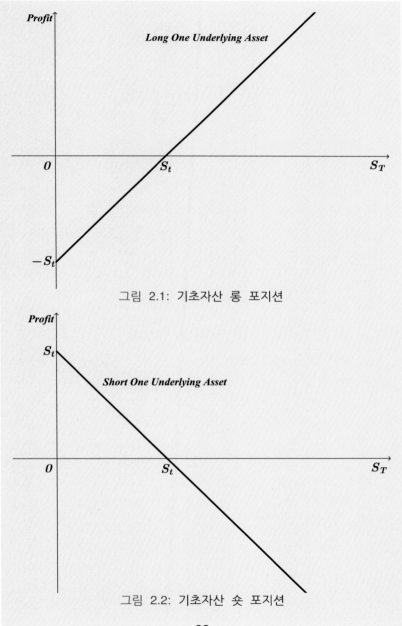

그림 2.1: 기초자산 롱 포지션

그림 2.2: 기초자산 숏 포지션

프, 수익의 개념이 선도의 경우에는 어떻게 적용되는지 알아보기로 하자.

---

**정　의 11** (선도계약의 포지션). 어떤 선도계약에 대해서,

(a) **롱 포지션(long position)**: 기초자산을 매수할 선도계약을 맺으면 그 선도계약에 대해 **롱 포지션(long position)**을 취한다고 한다.

(b) **숏 포지션(short position)**: 기초자산을 매도할 선도계약을 맺으면 그 선도계약에 대해 **숏 포지션(short position)**을 취한다고 한다.

---

**정　리 2** (선도계약의 페이오프와 수익). $t$시점에서의 가격이 $S_t$인 자산을 기초자산으로 하고, 만기가 $T > t$시점이며, $t$시점에서의 선도가격이 $G_t$인 선도계약에 대해서,

(a) $t$시점에서 롱 포지션을 취할 때 $T$시점에서의 페이오프: $S_T - G_t$,

(b) $t$시점에서 롱 포지션을 취할 때 $T$시점까지의 수익: $S_T - G_t$,

(c) $t$시점에서 숏 포지션을 취할 때 $T$시점에서의 페이오프: $-(S_T - G_t)$,

(d) $t$시점에서 숏 포지션을 취할 때 $T$시점까지의 수익: $-(S_T - G_t)$.

증    명. (a) $t$시점에서 선도계약에 롱 포지션을 취하면 만기 $T$시점에서 기초자산을 선도가격 $G_t$에 매수할 의무가 생긴다. 만기 $T$시점에서 이 의무가 사라지도록 하려면 $T$시점에서 이 의무를 이행하면 된다. $T$시점에서 이 의무를 이행하면, 계약 상대방에게 선도가격을 지불하고 기초자산을 매수하게 되므로 우선 $-G_t$의 현금흐름이 발생한다. 이렇게 되면 기초자산에 롱 포지션을 취한 것이 되어 기초자산에 관한 소유권 등의 권리가 발생하는데, 이마저도 사라지게 하려면 보유한 기초자산을 시장에서 매도하면 된다. 이때 기초자산을 시장에서 매도하면서 받은 대금 $S_T$가 또 다른 현금흐름이 된다. 따라서, 만기 $T$시점에서 이 선도계약과 관련한 모든 권리와 의무가 사라질 때 발생하는 현금흐름, 즉 페이오프는 $S_T - G_t$가 된다.

(b) $t$시점에서 선도계약에 롱 포지션을 취할 때에는 계약만 맺을 뿐 아무런 현금흐름이 발생하지 않는다. 따라서, $t$시점부터 만기 $T$시점까지 발생하는 현금흐름은 만기 $T$시점에서 발생하는 현금흐름인 $S_T - G_t$ 뿐이다. 따라서, $t$시점에서 롱 포지션을 취할 때 $T$시점까지의 수익은 $S_T - G_t$가 된다. 이를 그림으로 나타낸 것이 그림 2.3이다.

(c) $t$시점에서 선도계약에 숏 포지션을 취하면 만기 $T$시점에서 기초자산을 선도가격 $G_t$에 매도할 의무가 생긴다. 만기 $T$시점에서 이 의무가 사라지도록 하려면 $T$시점에서 이 의무를 이행하면 된다. $T$시점에서 이 의무를 이행하려면 우선 기초자산이 있어야 하므로, $T$시점에서 기초자산을 시장에서 매입해야 한다. 이 과정에서 대금을 지불해야 하므로 현금흐름 $-S_T$가 발생한다. 이렇게 매수한 기초자산을 선도계약을 이행하면

서 계약상대방에게 매도하면 이 기초자산에 관한 권리 또한 자연스럽게 사라지게 된다. 이 기초자산을 선도가격을 받고 계약상대방에게 매도하면 현금흐름 $G_t$가 발생한다. 따라서, 만기 $T$ 시점에서 이 선도계약과 관련한 모든 권리와 의무가 사라질 때 발생하는 현금흐름, 즉 페이오프는 $-(S_T - G_t)$가 된다.

(d) $t$시점에서 선도계약에 숏 포지션을 취할 때에는 계약만 맺을 뿐 아무런 현금흐름이 발생하지 않는다. 따라서, $t$시점부터 만기 $T$시점까지 발생하는 현금흐름은 만기 $T$시점에서 발생하는 현금흐름인 $-(S_T - G_t)$ 뿐이다. 따라서, $t$시점에서 숏 포지션을 취할 때 $T$시점까지의 수익은 $-(S_T - G_t)$가 된다. 이를 그림으로 나타낸 것이 그림 2.4이다.　　　　　□

위의 정리 2에서 볼 수 있듯이, 선도계약의 경우 그 수익이 페이오프와 같다. 즉, 수익이 모두 만기에 한꺼번에 실현되는 것이다. 그리고 선도계약의 양당사자는 한 쪽이 롱 포지션을 취한 상태이면 다른 쪽은 숏 포지션을 취한 상태인데, 정리 2에서 볼 수 있듯이, 이들 양당사자의 수익은 합쳐서 0, 즉 제로섬(zero-sum)이다. 따라서, 만기에 기초자산의 가격이 어떻게 되느냐에 따라 한 쪽이 이익을 보게 되면 다른 한 쪽은 반드시 손실을 볼 수 밖에 없는 것이다. 그 손실이 만기에 한꺼번에 실현되기 때문에 손실을 보는 쪽은 계약을 파기하고 싶은 마음이 생길 수 밖에 없는 것이다. 이것이 바로 선도계약의 경우 계약불이행위험이 상존할 수 밖에 없는 이유이다.

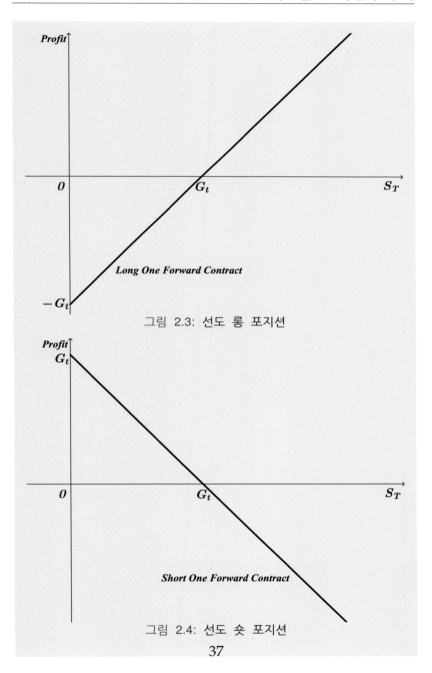

그림 2.3: 선도 롱 포지션

그림 2.4: 선도 숏 포지션

> **주      의 6.** 선도의 계약불이행위험은 다음과 같은 이유로
> 발생한다.
> (a) 선도계약의 양당사자는 서로 반대 포지션을 취하고 있
>     어 그 수익이 제로섬이다.
> (b) 선도계약의 수익은 만기에 한꺼번에 실현된다.
> (c) 따라서, 만기에 기초자산의 가격에 따라 반드시 손실을
>     보는 계약당사자가 생기고 이 손실이 만기에 한꺼번에
>     실현되기 때문에 손실을 보는 쪽은 계약을 파기하고 싶
>     어질 수 있다.

물론, 만기의 기초자산가격이 선도가격과 같아져 $S_T = G_t$가
되면, 선도계약 양당사자의 수익은 모두 $S_T - G_t = -(S_T - G_t) =$
0이 되므로 계약을 이행하든 파기하든 아무런 문제가 없는 상
태가 된다. 즉, 시장에서 기초자산을 매매하든 선도계약을 이
행해서 기초자산을 당사자간에 매매하든 동일한 가격에 거래
하게 되므로 선도계약을 이행하는 경우나 파기하는 경우나 두
당사자의 입장은 달라지는 것이 없는 것이다. 또한, 수익의 측
면에서 보더라도, 선도계약을 이행하는 경우 당사자 모두 수익
이 $S_T - G_t = -(S_T - G_t) = 0$이 되어 이익도 손실도 없는 상
태가 되며, 선도계약을 파기하고 시장가격에 기초자산을 매매
하더라도 수익이 $S_T - S_T = -(S_T - S_T) = 0$이 되어($G_t$대신 $S_T$
라는 가격으로 매매를 하기 때문) 당사자 모두 이익도 손실도
없는 상태가 되는 것이다.

# 3 선물시장과 선도-선물 등가성

그렇다면, 선물은 어떻게 이러한 계약불위행위험을 완전히 제거할 수 있을까? 결론부터 말하자면, 수익이 만기에 한꺼번에 실현되는 선도와는 달리, 선물은 그 수익이 만기가 되기 전에 매일 조금씩 실현되도록 하여 만기가 되면 매일 조금씩 누적된 수익의 합이 자동으로 선도와 동일한 수익이 되도록 하는 방식으로 계약불이행위험을 제거한다고 할 수 있다. 즉, 수익이 매일 조금씩 정산되어 만기에 한꺼번에 실현되지 않도록 만듦으로써 최종적으로 손실을 보더라도 계약파기가 원천적으로 불가능하도록 만드는 방식으로 계약불이행을 막는 것이다.

이 절에서는 선물시장의 제도에 대해 알아보고 이러한 제도하에서 어떻게 선도와 선물이 동일한 상품이 될 수 있는지 살펴보고자 한다. 이 절의 내용은 조승모 (2014)의 제3장 3절 내용을 바탕으로 하였으며, 특히 정리 3과 따름정리 1의 내용과 증명 및 주의 9의 내용은 조승모(2014)의 제3장 3절에서 주의 5와 주의 6을 중심으로 하는 내용과 그 형태만 조금 다를 뿐 본질적으로 동일하다. 또한, 이 절에 등장하는 보조정리 1의 내용은 조승모 (2014)의 제3장 2절 따름정리 10에도 등장하는 내용이다. 다만, 보조정리 1에 대한 증명은 조승모 (2014)에는 등장하지 않는 내용이다. 보조정리 1의 내용과 그 증명은 여러 문헌에서 쉽게 찾을 수 있는 일반적이고 상식적인 것들이다. 아래의 정의 13은 조승모 (2014)의 제3장 3절 정의 18을 수정 및 보완한 것이다.

본격적인 논의에 앞서, 선물계약의 포지션 개념을 살펴볼 필요가 있는데, 아래의 정의 12와 앞 절의 정의 11을 비교해 보면 알겠지만 선물계약의 포지션 개념은 선도계약의 포지션 개념과 동일하다고 할 수 있다.

**정 의 12** (선물계약의 포지션). 어떤 선물계약에 대해서,

(a) **롱 포지션(long position)**: 기초자산을 매수할 선물계약을 맺으면 그 선물계약에 대해 **롱 포지션(long position)**을 취한다고 한다.

(b) **숏 포지션(short position)**: 기초자산을 매도할 선물계약을 맺으면 그 선물계약에 대해 **숏 포지션(short position)**을 취한다고 한다.

**정 의 13** (선물시장의 제도). 계약불이행위험을 원천적으로 제거하기 위해 선물시장은 아래와 같은 제도들을 운영한다.

(a) **증거금계좌(margin account)**: 투자자는 선물에 투자하기 위해 증권사에 계좌를 개설해야 하는데, 이를 **증거금계좌(margin account)**라 한다.

(b) **개시증거금(initial margin)**: 투자자가 선물계약에 포지션을 취하기 위해서는 포지션에 관계 없이 계약시점의 선물가격을 기준으로 한 계약총액(선물가격×계약수×계약당기초자산수)의 일정비율에 해당하는 금액을

증거금계좌에 입금하여야 하는데, 이 금액을 ***개시증거금(initial margin)*** 이라 한다.

(c) 일일정산(daily settlement, marking to market):
선물시장은 투자자의 선물투자가 롱 포지션일 경우
(오늘선물가격−어제선물가격)×계약수×계약당기초자
산수의 금액을, 숏 표지션일 경우 −(오늘선물가격−
어제선물가격)×계약수×계약당기초자산수의 금액을
매일 해당투자자의 증거금계좌에 반영하는데, 이를
***일일정산(daily settlement, marking to market)*** 이라
한다.

(d) 유지증거금(maintenance margin): 개시증거금의
일정비율에 해당하는 값으로, 증거금 잔액이 이 값
이상이어야 투자자의 포지션이 유지되는 증거금을
***유지증거금(maintenance margin)*** 이라 한다.

(e) 마진콜(margin call): 증거금 잔액이 유지증거금 아래
로 떨어진 경우 선물시장이 해당 투자자에게 이를 통
보하는 것을 ***마진콜(margin call)*** 이라 한다.

(f) 추가증거금(variation margin, additional margin):
마진콜을 받았을 때, 투자자가 본인의 포지션을 계속
유지하려면 증거금 잔액이 개시증거금(유지증거금이
아니다) 이상이 되도록 증거금계좌에 증거금을 추가로
입금하여야 하는데, 이를 ***추가증거금(variation margin, additional margin)*** 이라 한다. 만약 추가증거금을
입금하지 않으면 그 다음날 포지션이 자동으로 청산된

다.

이제 이러한 제도하에서 선물의 수익이 어떻게 되는지 살펴보자. 이를 선도의 수익과 비교해보면 선물이 선도와 근본적으로 같은 상품이라는 것을 알 수 있을 것이다. 수익은 계약 시점부터 만기까지의 모든 현금흐름의 합이기 때문이다. 이를 위해 우선 만기의 선물가격에 대해 알아볼 필요가 있는데, 만기의 선물가격을 논의하려면 먼저 차익거래와 차익의 개념을 숙지할 필요가 있다.

**정   의 14** (차익거래와 차익). 추가적인 자금, 자산, 위험을 부담하지 않고 확실하게 양의 수익을 실현할 수 있는 거래를 **차익거래(arbitrage trade)**라 하고, 그러한 수익을 **차익(arbitrage profit)**이라 한다.

**주   의 7.** 차익거래의 경우, 차익이 없는 상태, 즉 무차익거래 상태에서 성립해야 하는 값보다 고평가된 자산은 비싼 값에 매도하고 저평가된 자산은 싼 값에 매수하되 필요한 자산이나 자금은 모두 빌려서 조달하는 방식으로 거래를 구성함으로써 차익거래를 할 수 있다.

방금 배운 차익거래와 차익의 개념을 바탕으로 이제 만기 시점의 선물가격이 어떻게 되는지 알아보기로 하자.

**보조정리 1** (만기시점의 선물가격). $t$시점에서의 가격이 $S_t$ 인 자산을 기초자산으로 하고, 만기가 $T > t$시점이며, $t$시점에서의 선물가격이 $F_t$인 선물계약에 대해서, 무차익거래 상태에서 다음이 성립한다.

$$F_T = S_T.$$

**증       명.** $T$시점에서 포지션을 취하고, 이때 납입하는 개시증거금을 $I_T$라 하자.

**Step 1.** 만약 $F_T > S_T$라면, $T$시점 현재 $F_T$는 고평가되어 있고 $S_T$는 저평가되어 있다고 할 수 있으므로, 고평가된 선물에 대해 선물 매도계약을 체결하고, 저평가된 기초자산을 매수하되, 필요한 자금은 대출로 충당하여 다음과 같은 차익거래를 짤 수 있다.

| $T$시점 | 현금흐름 |
|---|---|
| 거래대금 대출. | $I_T + S_T$ |
| 선물 매도계약 체결. | $-I_T$ |
| 기초자산 매수. | $-S_T$ |
| 선물계약 이행. | $F_T$ |
| 증거금 인출. | $I_T$ |
| 대출 상환. | $-(I_T + S_T)$ |
| *차익* | $F_T - S_T > 0$ |

이러한 거래를 통해 $T$시점에서는 순현금흐름이 확실하게 $F_T - S_T > 0$이 되며 이러한 거래에 투자자의 자금이나 자산이 투자된 바 없기 때문에 이는 추가적인 위험, 자금, 자산을 부담하지 않고 확실한 양의 수익을 실현한 거래, 즉 차익거래라 할 수 있다. 당연히 이 거래로부터 발생한 최종수익 $F_T - S_T > 0$는 차익이라 하겠다.

이러한 차익이 존재하는 한 투자자들은 이러한 거래를 계속하게 될 것이고, 이에 따라 선물이 계속 매도되어 선물의 공급이 늘게 되면 선물가격 $F_T$는 내릴 것이다. 또한, 이러한 거래과정에서 기초자산은 계속 매수될 것이기 때문에 기초자산에 대한 수요가 늘게 되어 기초자산의 가격 $S_T$는 오르게 될 것이다. 이러한 차익거래는 차익이 $F_T - S_T > 0$인 한 계속되어, $F_T$가 내리고 $S_T$가 올라 차익이 없어질 때까지, 즉 $F_T - S_T = 0$이 될 때까지 계속될 것이다. 따라서, 결국 무차익거래 상태에서 다음 식이 성립하게 된다.

$$F_T = S_T.$$

**Step 2.** 만약 $F_T < S_T$라면, $T$시점 현재 $F_T$는 저평가되어 있고 $S_T$는 고평가되어 있다고 할 수 있으므로, 저평가된 선물에 대해 선물 매수계약을 체결하고, 고평가된 기초자산을 매도하되, 필요한 자금은 대출로 충당하여 다음과 같은 차익거래를 짤 수 있다.

| $T$시점 | 현금흐름 |
|---|---|
| 거래대금 대출. | $I_T + F_T$ |
| 선물 매수계약 체결. | $-I_T$ |
| 선물계약 이행. | $-F_T$ |
| 기초자산 매도. | $S_T$ |
| 증거금 인출. | $I_T$ |
| 대출 상환. | $-(I_T + F_T)$ |
| **차익** | $S_T - F_T > 0$ |

이러한 거래를 통해 $T$시점에서는 순현금흐름이 확실하게 $S_T - F_T > 0$이 되며 이러한 거래에 투자자의 자금이나 자산이 투자된 바 없기 때문에 이는 추가적인 위험, 자금, 자산을 부담하지 않고 확실한 양의 수익을 실현한 거래, 즉 차익거래라 할 수 있다. 당연히 이 거래로부터 발생한 최종수익 $S_T - F_T > 0$는 차익이라 하겠다.

이러한 차익이 존재하는 한 투자자들은 이러한 거래를 계속하게 될 것이고, 이에 따라 선물이 계속 매수되어 선물의 수요가 늘게 되면 선물가격 $F_T$는 오를 것이다. 또한, 이러한 거래과정에서 기초자산은 계속 매도될 것이기 때문에 기초자산에 대한 공급이 늘게 되어 기초자산의 가격 $S_T$는 내리게 될 것이다. 이러한 차익거래는 차익이 $S_T - F_T > 0$인 한 계속되어, $F_T$가 오르고 $S_T$가 내려 차익이 없어질 때까지, 즉 $S_T - F_T = 0$이 될 때까지 계속될 것이다. 따라서, 결국 무차익거래 상태에서 다음 식이 성립하게 된다.

$$F_T = S_T.$$

□

> **주   의 8.** 선물가격 $F_T$는 만기인 $T$시점에 기초자산을 매
> 매하는 데에 적용되는 가격으로서 $T$시점에 정해지는 계약
> 가격이다. 따라서, 이는 $T$시점에 시장에서 거래되는 기초
> 자산의 가격인 $S_T$와 같으면 가장 합리적일 것이다.

보조정리 1에 대한 주의 8의 해석은 조승모(2014)의 제3장
2절 따름정리 10 직후에도 등장하는 내용으로서 매우 당연한
해석이라 할 것이다. 보조정리 1의 결과를 토대로 선물의 수
익을 살펴보면 다음의 정리 3과 같다. 정리 3은 그 자체로도
중요하지만, 바로 다음에 나오는 따름정리 1을 도출하기 위한
과정으로서 더욱 중요하다고 할 수 있다.

> **정   리 3** (선물계약의 수익). $t$시점에서의 가격이 $S_t$인
> 자산을 기초자산으로 하고, 만기가 $T > t$시점이며, $t$시점에
> 서의 선물가격이 $F_t$인 선물계약에 대해서,
> *(a)* $t$시점에서 **롱 포지션을 취할 때** $T$시점까지의 수익:
>   $S_T - F_t$,
> *(b)* $t$시점에서 **숏 포지션을 취할 때** $T$시점까지의 수익:
>   $-(S_T - F_t)$.

**증      명.** 투자를 시작하는 시점을 $t$라 하고, 이때부터 $n$일간 기초자산 1단위를 대상으로 하는 선물 1계약에 포지션을 취한다고 하자. $t$시점에서 납입하는 개시증거금을 $I_t$라 하고, $n$일간 추가증거금 납입이나 단순입출금 등의 사유로 총 $m$ 번의 현금흐름 $CF_1, CF_2, \cdots, CF_m$이 발생한다고 하자. 이때, 1년은 $N$일이라 가정하자.

($a$) $t$시점에서 롱 포지션을 취할 경우, $n$일 후 포지션을 청산하면서 인출하는 금액은 다음과 같다.

$$I_t + \sum_{i=1}^{n} \left( F_{t+\frac{i}{N}} - F_{t+\frac{i-1}{N}} \right) - \sum_{j=1}^{m} CF_j.$$

이때, 일일정산 부분을 제외한 나머지 현금흐름들은 원래 발생한 현금흐름들과 반대방향으로 발생하므로 원래의 현금흐름에 $-1$을 곱한 형태이다. 이 금액을 인출하기 전까지 발생한 현금흐름들의 합은 다음과 같다.

$$-I_t + \sum_{j=1}^{m} CF_j.$$

이러한 모든 현금흐름들을 다 더하면 다음과 같다.

$$\sum_{i=1}^{n} \left( F_{t+\frac{i}{N}} - F_{t+\frac{i-1}{N}} \right) = F_{t+\frac{n}{N}} - F_t.$$

만약, $n$일 후가 만기 $T$시점이라면, 이 순현금흐름은 보조정리 1에 의해 다음과 같이 된다.

$$F_{t+\frac{n}{N}} - F_t = F_T - F_t$$
$$= S_T - F_t.$$

따라서, $t$시점에서 롱 포지션을 취할 때 $T$시점까지의 수익은 $S_T - F_t$이 된다. 이를 그림으로 나타낸 것이 그림 2.5이다.

($b$) $t$시점에서 숏 포지션을 취할 경우, $n$일 후 포지션을 청산하면서 인출하는 금액은 다음과 같다.

$$I_t - \sum_{i=1}^{n} \left( F_{t + \frac{i}{N}} - F_{t + \frac{i-1}{N}} \right) - \sum_{j=1}^{m} CF_j.$$

이때, 일일정산 부분을 제외한 나머지 현금흐름들은 원래 발생한 현금흐름들과 반대방향으로 발생하므로 원래의 현금흐름에 $-1$을 곱한 형태이다. 이 금액을 인출하기 전까지 발생한 현금흐름들의 합은 다음과 같다.

$$-I_t + \sum_{j=1}^{m} CF_j.$$

이러한 모든 현금흐름들을 다 더하면 다음과 같다.

$$-\sum_{i=1}^{n} \left( F_{t + \frac{i}{N}} - F_{t + \frac{i-1}{N}} \right) = -\left( F_{t + \frac{n}{N}} - F_t \right).$$

만약, $n$일 후가 만기 $T$시점이라면, 이 순현금흐름은 보조정리 1에 의해 다음과 같이 된다.

$$-\left( F_{t + \frac{n}{N}} - F_t \right) = -(F_T - F_t)$$
$$= -(S_T - F_t).$$

따라서, $t$시점에서 숏 포지션을 취할 때 $T$시점까지의 수익은 $-(S_T - F_t)$이 된다. 이를 그림으로 나타낸 것이 그림 2.6이다.

$\square$

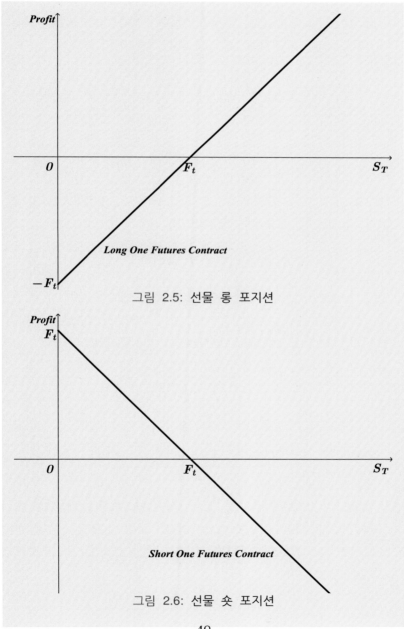

그림 2.5: 선물 롱 포지션

그림 2.6: 선물 숏 포지션

**따름정리 1** (선도-선물의 등가성(forward-futures equivalence)). 선도와 선물은 수익구조가 동일하다.

**증 명.** 앞 절의 정리 2와 이 절의 정리 3을 비교해보면 자명하다. □

**주 의 9.** 이와 같이 선도와 선물은 동일한 수익구조를 갖는다. 하지만, 선도의 경우 이러한 수익이 만기에 한꺼번에 실현되기 때문에 수익이 음인 투자자는 만기에 계약을 파기하고자 하는 유인이 발생하여 계약불이행위험이 존재하는 반면, 선물의 경우 일일정산을 통해 이러한 수익이 조금씩 축적되어 만기에 자연스럽게 실현되기 때문에 계약을 불이행할 수 없다는 장점이 있다. *따라서, 선물은 선도와 동일한 수익구조를 유지하면서 계약불이행위험만을 제거한 자산이라고 할 수 있다.*

**주 의 10.** 수익구조가 동일하다는 것은 계약시점부터 만기까지의 순현금흐름이 동일하다는 것이다. 다만, 선물의 경우에 일일정산을 통해 계약불이행위험을 원천적으로 제거하였다는 점이 다를 뿐이다. *따라서, 앞으로 편의상 선도와 선물을 모두 "선물(futures)"로 지칭하고 현금흐름은 보다 단순한 선도와 동일한 형태로 상정하여 논의를 진행하기로 한다.*

지금까지의 논의는 증거금계좌에 입금된 금액에 대해 이자가 붙지 않는다고 가정하고 진행한 것이다. 즉, 증거금계좌에 대한 화폐의 시간가치를 무시한 논의인 것이다. 증거금계좌에 대한 화폐의 시간가치를 고려하는 경우에도 선도와 선물은 동일한 상품이라는 결론에 다다르게 되는데, 이에 대한 결과와 그 증명은 여러 문헌에서 찾을 수 있으나, 이 절의 논의가 조승모(2014)의 제3장 3절에 등장하는 논의를 바탕으로 한 만큼, 이에 대해서는 조승모(2014)의 제3장 3절을 참조하기 바란다.

# 4  차익거래와 선물가격의 결정

선물을 이용한 거래는 크게 **차익거래(arbitrage trade), 투기거래(speculation trade), 헷징 거래(hedging trade)**의 세 종류로 나눌 수 있다. 투기거래와 헷징 거래는 다음 절에서 다루기로 하고 이 절에서는 선물을 이용한 차익거래에 대해 논의해보자. 차익거래와 차익의 개념은 바로 앞 절에서 다룬 바 있다.

원래 차익거래는 무차익거래 상태에서 성립해야 하는 관계식이 어긋났을 때 발생하는 것이기 때문에 차익거래를 다루기 위해서는 무차익거래 상태에서 어떤 식이 성립해야 하는지를 알고 있어야 한다. 선물과 관련해서 이러한 역할을 하는 식으로 선물가격을 결정하는 정리 4와 같은 식이 있다. 정리 4의 식은 선물 혹은 선도계약을 체결할 때 양당사자간 선물가격 혹은 선도가격을 어떻게 설정해야 하는지를 보여준다는 점에서도 중요하지만, 이러한 식을 증명하는 과정 또한 매우 중요하다.

정리 4의 증명과정은 정리 4의 식이 어긋났을 경우 선도와 선물을 이용해 어떠한 차익거래를 짜서 어떤 규모의 차익을 실현할 수 있는지를 보여주기 때문이다.

물론, 시장에서 표준화되어 거래되기 때문에 수요와 공급이 많은 선물의 경우 굳이 정리 4와 같은 식을 모르더라도 시장에서 수요와 공급에 의해 결정되는 선물가격으로 거래를 하면 된다. 하지만, 선도와 같은 사적인 계약의 경우 수요자 1명과 공급자 1명의 거래이기 때문에 시장도 없고 시장가격도 없는 상황이 된다. 이럴 때에 바로 정리 4의 식이 필요한 것이다. 이러한 논의는 조승모(2014)의 제3장 2절 첫 부분에도 등장하고 있다.

또한, 수요와 공급이 많은 선물의 경우에도 시장에서 결정된 선물가격이 정리 4를 위배할 경우 이를 이용하여 차익거래를 할 수 있다. 이를 위해서도 정리 4의 식은 중요하다고 할 수 있다. 이러한 논의는 조승모(2014)의 제3장 4절 차익거래에 관한 부분에도 등장하는 내용이다.

제1장 1절의 정의 2에서 **다른 자산의 가격에 연동되어 그 가격이 결정되는 자산을 파생상품(*derivative, derivative security*)**이라 했는데, 정리 4의 식은 선도와 선물이 파생상품이라는 사실을 분명히 보여주는 식이라 할 수 있다. 정리 4의 식에 의하면 선도가격과 선물가격은 기초자산의 가격에 연동되어 결정되기 때문이다.

이 절은 조승모(2014)의 제3장 4절에서 차익거래에 관한 부분을 수정 및 보완하여 작성되었다. 특히, 아래의 정리 4에 대한 증명은 조승모(2014)의 제3장 4절 예시 7 및 예시 8에 대한 풀이과정과 동일하다. 다만, 정리 4의 내용과 및 그 증명은 다른 여러 문헌들에서도 쉽게 찾아볼 수 있는 매우 일반적이고 상식적인 것들이다.

　이제 선물의 가격이 어떻게 결정되는지 정리 4를 통해 살펴보기로 하자. 그리고 정리 4의 증명과정을 통해 선물의 시장가격이 이러한 이론가격에서 벗어날 경우 어떠한 차익거래가 가능한지에 대해서도 살펴보기로 하자. 정리 4의 증명과정에 대한 수치예는 이 장의 7절 연습문제 중 문제 5에 제시되어 있다.

> **정　리 4** (선물가격의 결정). $t$시점에서의 가격이 $S_t$인 자산을 기초자산으로 하고 만기가 $T > t$시점이며 $t$시점에서의 선물가격이 $F_t$인 선물에 대하여, 연간이자율이 $r$일 때 선물가격 $F_t$는 무차익거래 상태에서 다음과 같이 결정된다.
>
> $$F_t = S_t e^{r\tau}$$
>
> 단, $\tau = T - t$.

**증　명. Step 1.** $\tau = T - t$에 대하여, 만약 $F_t > S_t e^{r\tau}$이라면, $t$시점 현재 $F_t$는 고평가되어 있고 $S_t$는 저평가되어 있다고 할 수 있으므로, 고평가된 선물에 대해 선물 매도계약을 체결하고, 저평가된 기초자산을 매수하되, 필요한 자금은 대출로 충당하여 다음과 같은 차익거래를 짤 수 있다.

| $t$시점 | 현금흐름 |
|---|---|
| 선물 매도계약 체결. | 0 |
| 거래대금 대출. | $S_t$ |
| 기초자산 매수. | $-S_t$ |
| $T$시점 | |
| 선물계약 이행. | $F_t$ |
| 대출 상환. | $-S_t e^{r\tau}$ |
| **차익** | $F_t - S_t e^{r\tau} > 0$ |

    이러한 거래를 통해 $t$시점에서는 순현금흐름이 0이 되고 $T$ 시점에서는 순현금흐름이 확실하게 $F_t - S_t e^{r\tau} > 0$이 되며 이러한 거래에 투자자의 자금이나 자산이 투자된 바 없기 때문에 이는 추가적인 위험, 자금, 자산을 부담하지 않고 확실한 양의 수익을 실현한 거래, 즉 차익거래라 할 수 있다. 당연히 이 거래로부터 발생한 최종수익 $F_t - S_t e^{r\tau} > 0$는 차익이라 하겠다.

    이러한 차익이 존재하는 한 투자자들은 이러한 거래를 계속하게 될 것이고, 이에 따라 선물이 계속 매도되어 선물의 공급이 늘게 되면 선물가격 $F_t$는 내릴 것이다. 또한, 이러한 거래과정에서 기초자산은 계속 매수될 것이기 때문에 기초자산에 대한 수요가 늘게 되어 기초자산의 가격 $S_t$는 오르게 될 것이다. 이러한 차익거래는 차익이 $F_t - S_t e^{r\tau} > 0$인 한 계속되어, $F_t$가 내리고 $S_t$가 올라 차익이 없어질 때까지, 즉 $F_t - S_t e^{r\tau} = 0$이 될 때까지 계속될 것이다. 따라서, 결국 무차익거래 상태에서 다음 식이 성립하게 된다.

$$F_t = S_t e^{r\tau}$$

단, $\tau = T - t$.

**Step 2.** $\tau = T - t$에 대하여, 만약 $F_t < S_t e^{r\tau}$이라면, $t$시점 현재 $F_t$는 저평가되어 있고 $S_t$는 고평가되어 있다고 할 수 있으므로, 저평가된 선물에 대해 선물 매수계약을 체결하고, 고평가된 기초자산을 매도하되, 필요한 자산은 빌려서 충당하고, 남는 자금은 예금하여 다음과 같은 차익거래를 짤 수 있다.

| $t$시점 | 현금흐름 |
|---|---|
| 선물 매수계약 체결. | $0$ |
| 기초자산 공매도. | $S_t$ |
| 거래대금 예금. | $-S_t$ |
| **$T$시점** | |
| 선물계약 이행후 기초자산 상환. | $-F_t$ |
| 예금 인출. | $S_t e^{r\tau}$ |
| **차익** | $S_t e^{r\tau} - F_t > 0$ |

이러한 거래를 통해 $t$시점에서는 순현금흐름이 0이 되고 $T$시점에서는 순현금흐름이 확실하게 $S_t e^{r\tau} - F_t > 0$이 되며 이러한 거래에 투자자의 자금이나 자산이 투자된 바 없기 때문에 이는 추가적인 위험, 자금, 자산을 부담하지 않고 확실한 양의 수익을 실현한 거래, 즉 차익거래라 할 수 있다. 당연히 이 거래로부터 발생한 최종수익 $S_t e^{r\tau} - F_t > 0$는 차익이라 하겠다.

이러한 차익이 존재하는 한 투자자들은 이러한 거래를 계속하게 될 것이고, 이에 따라 선물이 계속 매수되어 선물의 수요가 늘게 되면 선물가격 $F_t$는 오를 것이다. 또한, 이러한 거래과정에서 기초자산은 계속 매도될 것이기 때문에 기초자산에 대한 공급이 늘게 되어 기초자산의 가격 $S_t$는 내리게 될 것이다. 이러한 차익거래는 차익이 $S_t e^{r\tau} - F_t > 0$인 한 계속되어, $F_t$가 오르고 $S_t$가 내려 차익이 없어질 때까지, 즉 $S_t e^{r\tau} - F_t = 0$이 될 때까지 계속될 것이다. 따라서, 결국 무차익거래 상태에서 다음 식이 성립하게 된다.

$$F_t = S_t e^{r\tau}$$

단, $\tau = T - t$.　　　　　　　　　　　　　　　　　　□

# 5  선물을 이용한 투기와 헷징

이제 선물을 이용한 투기거래와 헷징 거래에 대해 알아보자. 물론 그 전에 투기거래와 헷징 거래가 무엇인지부터 알아야 할 것이다. 이 절은 조승모(2014)의 제3장 4절의 헷징 거래와 투기거래에 관한 내용과 구체적인 서술만 다를 뿐 내용상 동일하다.

> **정　의 15** (투기와 헷징). 투자자가 투자를 함에 있어,
>
> (a) **투기거래:** 큰 위험을 부담하는 댓가로 높은 수익률을 추구하는 거래를 **투기(speculation) 혹은 투기거래(speculation trade)**라 한다.

56

(*b*) **헷징 거래:** 투자의 위험을 줄이거나 제거하기 위한 거래를 **헷징(*hedging*) 혹은 헷징 거래(*hedging trade*)**라 한다.

**정　리 5** (선물을 이용한 투기와 헷징). 투자자가 선물에 투자를 함에 있어,

(*a*) **투기거래:** 기초자산에는 포지션을 취하지 않고 선물에만 포지션을 취함으로써 투기거래를 할 수 있다.

(*b*) **헷징 거래:** 기초자산과 선물에 동시에 반대의 포지션을 취함으로써 헷징 거래를 할 수 있다.

**증　명.** *t*시점에서의 가격이 $S_t$인 자산을 기초자산으로 하고, *t*시점에서의 선물가격이 $F_t$이며, 만기가 $T > t$시점인 선물을 상정하자.

(*a*) 이 선물에 롱 포지션을 취하면 *t*시점부터 *T*시점까지의 단순수익률은 다음과 같다.

$$\lim_{x \to 0+} \frac{S_T - F_t}{x} = \begin{cases} +\infty, & \text{if } S_T > F_t; \\ 0, & \text{if } S_T = F_t; \\ -\infty, & \text{if } S_T < F_t. \end{cases}$$

이 선물에 숏 포지션을 취하면 *t*시점부터 *T*시점까지의 단

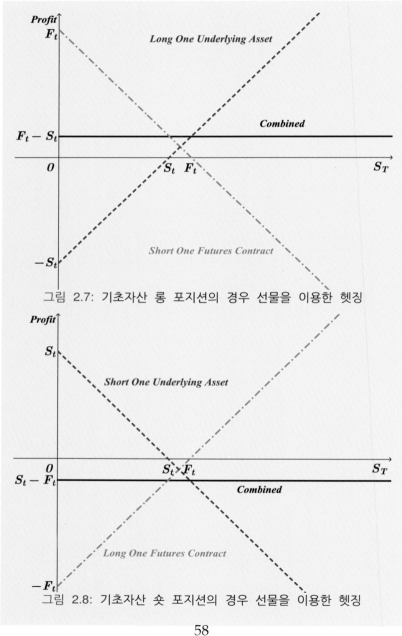

그림 2.7: 기초자산 롱 포지션의 경우 선물을 이용한 헷징

그림 2.8: 기초자산 숏 포지션의 경우 선물을 이용한 헷징

순수익률은 다음과 같다.

$$\lim_{x \to 0+} \frac{-(S_T - F_t)}{x} = \begin{cases} -\infty, & \text{if } S_T > F_t; \\ 0, & \text{if } S_T = F_t; \\ +\infty, & \text{if } S_T < F_t. \end{cases}$$

이와 같이, 기초자산에는 포지션을 취하지 않고 선물에만 포지션을 취함으로써 단순수익률이 $+\infty$에서 $-\infty$에 이르는 극단적인 모습을 보인다는 것을 알 수 있다. 이는 큰 위험을 부담하는 대신 높은 수익률을 추구하는 거래, 즉 투기거래라 할 수 있다.

($b$) 기초자산에 롱 포지션을 취하는 경우 $t$시점부터 $T$시점까지의 수익은 $S_T - S_t$이므로, $t$시점 현재 알 수 없는 $S_T$ 값으로 인해 $S_T - S_t$는 불확실한 값, 즉 위험한 값이라 할 수 있다. 하지만 여기에 추가로 선물에 숏 포지션을 취하는 경우 $t$시점부터 $T$시점까지의 선물투자로부터의 수익은 $-(S_T - F_t)$가 되므로, 이 두 수익을 합치면 총수익(combined profit)은 다음과 같다.

$$\textbf{Profit} = S_T - S_t - (S_T - F_t)$$
$$= F_t - S_t \geq 0.$$

이때, 제4절 정리 4에 의하면 $F_t = S_t e^{r\tau}$이므로

$$F_t - S_t = S_t e^{r\tau} - S_t \geq 0$$

단, $\tau = T - t$.

이 총수익은 $t$시점에서 정해지는 상수값이다. 따라서, 기초자산에만 투자할 경우 떠안게 되는 위험이 선물에 반대 포지션을 취하는 투자를 통해 완전히 제거되었다고 할 수 있다. 이를 그림으로 나타낸 것이 그림 2.7이다.

기초자산에 숏 포지션을 취하는 경우 $t$시점부터 $T$시점까지의 수익은 $-(S_T - S_t)$이므로, $t$시점 현재 알 수 없는 $S_T$ 값으로 인해 $-(S_T - S_t)$는 불확실한 값, 즉 위험한 값이라 할 수 있다. 하지만 여기에 추가로 선물에 롱 포지션을 취하는 경우 $t$시점부터 $T$시점까지의 선물투자로부터의 수익은 $S_T - F_t$가 되므로, 이 두 수익을 합치면 총수익은 다음과 같다.

$$\textbf{Profit} = -(S_T - S_t) + S_T - F_t$$
$$= S_t - F_t \leq 0.$$

이때, 제4절 정리 4에 의하면 $F_t = S_t e^{r\tau}$이므로

$$S_t - F_t = S_t - S_t e^{r\tau} \leq 0$$

단, $\tau = T - t$.

이 총수익은 $t$시점에서 정해지는 상수값이다. 따라서, 기초자산에만 투자할 경우 떠안게 되는 위험이 선물에 반대 포지션을 취하는 투자를 통해 완전히 제거되었다고 할 수 있다. 이를 그림으로 나타낸 것이 그림 2.8이다. □

**주 의 11.** 그림 2.7과 그림 2.8을 그릴 때 유의해야 할 점은, $F_t = S_t e^{r(T-t)} \geq S_t$이므로 반드시 $F_t \geq S_t$가 되도록 그려야 한다는 점이다.

주    의 12. 그림 2.8에서 총수익(combined profit)이 음수임에도 불구하고 이러한 전략이 추구될 수 있는 이유는, 헷징의 목적은 위험을 줄이거나 제거하는 것이지 양의 수익을 얻는 것이 아니기 때문이다.

# 6  선도와 선물의 경제적 기능

선도와 선물은 차익거래, 투기거래, 헷징 거래를 통해 경제적으로 중요한 역할을 한다. 이 절에서는 이러한 선도와 선물의 경제적 역할 혹은 기능에 대해 논의해보도록 하자. 이 절은 조승모 (2014)의 제3장 4절에서 선도와 선물의 경제적 기능에 관한 부분을 수정 및 보완하여 작성되었다.

주    의 13. 경제학에서 *시장균형상태(market equilibrium)*는 수요와 공급이 만나 외부의 다른 충격이 없는 한 가격이 안정되어 있는 상태를 의미한다. 무차익거래 상태는 외부의 다른 충격이 없는 한 수요와 공급이 만나 가격이 안정되어 있다는 의미에서 시장균형상태라고 할 수 있다.

정    의 16 (선도와 선물의 경제적 기능). 선도와 선물은 다음과 같은 경제적 기능을 갖는다.

(*a*) **가격발견(price discovery):** 선도와 선물은 그 시장 및
기초자산 시장이 균형에서 벗어나 차익거래의 기회가
존재할 경우 차익거래를 통해 이러한 시장불균형이 해
소되도록 함으로써 시장이 항상 균형상태에 머무르게
하는 역할을 한다.

(*b*) **위험전가(risk shifting):** 선도와 선물은 위험을 줄이
거나 제거하고자 하는 **_헷징 거래자(hedger)_**로부터 위
험을 부담하는 대신 고수익을 추구하는 **_투기거래
자(speculator)_**에게로 위험을 전가시키는 역할을 한다.

(*c*) **자원배분의 효율성 증대(efficient resource allocation):**
선도와 선물은 가격발견기능을 통해 관련 시장이 항상
균형상태에 머무르게 함으로써 자원배분이 효율적으로
이루어지도록 하는 역할을 한다. 시장균형상태는 소비
자의 효용과 생산자의 이윤이 극대화되어 자원배분이
최적화되는 상태이기 때문이다.

(*d*) **자본축적(capital accumulation):** 선도와 선물은 위험
전가기능을 통해 기업이 안정적인 경영활동을 가능하
게 함으로써 자본축적을 용이하게 한다. 위험을 줄임
으로써 기업은 국제유가의 변동, 국제원자재가의 변동,
환율의 변동 등에 의한 위험으로부터 벗어나 장기적인
경영계획을 수립할 수 있으며, 이러한 위험에 대비한
충당금을 설정할 필요가 없게 되므로 자금을 최대한 효
율적으로 이용하여 장기적인 사업을 할 수 있게 되기
때문이다.

(e) **시장활성화(market vitalization):** 선도와 선물을 이용한 차익거래, 헷징 거래, 투기거래는 기초자산의 거래를 수반한다. 이러한 기초자산의 거래는 선도와 선물이 없었더라면 없었을 거래이다. 이러한 의미에서 선도와 선물은 기초자산의 거래를 활성화하는 역할을 한다고 할 수 있다.

(f) **자본시장의 발달(capital market development):** 특히, 기초자산이 주식이나 채권인 선도와 선물은 주식시장과 채권시장을 활성화하게 되는데, 주식과 채권의 유통시장이 활성화되면 그 발행시장도 함께 활성화된다. 즉, 자본시장이 발달하게 된다. 이렇게 되면 자본시장의 발달로 기업이 주식과 채권의 발행을 통해 자본을 조달하는 것이 용이해지게 된다.

(g) **경제발전(economic development):** 선도와 선물은 결국 가격발견과 위험전가라는 기본적인 역할을 토대로 자원배분의 효율성을 증대시키고, 기업의 안정적이고 장기적인 경영활동을 가능하게 하여 자본축적을 용이하게 하며, 기업이 자본조달을 쉽게 할 수 있도록 자본시장을 발달시키게 된다. 따라서, 기업은 대규모 자본조달을 토대로 새로운 산업을 일으킬 자금을 얻을 수 있고, 안정적이고 장기적인 경영활동을 통해 자본을 축적할 수 있으며, 이러한 자본을 투자하여 자원을 이용함에 있어 자원배분의 효율성이 달성되므로, 이는 결국 경제발전으로 이어지게 된다.

**주　의 14.** 하지만, 이와 동시에 투기와 빈번한 기초자산의 거래 등을 통해 시장이 불안정해질 수 있으며, 이것이 결국 금융위기로 이어질 수 있다는 단점 또한 명심해야 할 것이다. 예컨대, 선도와 선물을 이용한 투기를 통해 금융기관이 부도를 맞게 되는 경우, 이는 다른 금융기관의 연쇄부도로 이어질 수 있고 자본시장이 불안정해질 뿐만 아니라, 금융위기가 발생할 수도 있을 것이다.

# 7 연습문제

**문 제 5.** 기초자산의 가격이 ₩1,600,000이고 만기가 3개월 후인 선물에 대하여, 연간이자율이 5%일 때, 다음 물음에 답해보시오.

(1) 선물가격이 ₩1,610,000이라면 기초자산의 가격과 선물의 가격은 적정한가? 적정하지 않다면 차익거래를 구성해서 차익을 구하시오.

(2) 선물가격이 ₩1,630,000이라면 기초자산의 가격과 선물의 가격은 적정한가? 적정하지 않다면 차익거래를 구성해서 차익을 구하시오.

단, 소수 다섯째 자리에서 반올림해서 소수 넷째 자리까지만 나타낼 것. 이와 유사한 문제로 조승모(2011)의 제6장 6.2절 예시 3과 조승모(2014)의 제3장 7절 연습문제 중 문제 50, 문제 51, 문제 52가 있다.

**문 제 6.** 선물의 대량 매도 및 매수로 기초자산의 가격을 변화시킬 수 있는가? 왜 그런지 자세히 설명하시오.

**문 제 7.** 기초자산의 가격이 ₩1,300,000이고 만기가 3개월 후인 선물에 대하여, 연간이자율이 3%일 때, 무차익거래 상태에서 다음 물음에 답해보시오.

(1) 선물가격을 구하시오.

(2) 다른 모든 조건이 동일하고 기초자산의 가격만 ₩100,000 오르면 선물가격은 얼마나 변하는지 구하시오.

(3) 다른 모든 조건이 동일하고 연간이자율만 1%포인트 오르면 선물가격은 얼마나 변하는지 구하시오.

(4) 다른 모든 조건이 동일하고 만기만 1개월 더 길어지면 선물가격은 얼마나 변하는지 구하시오.

단, 소수 다섯째 자리에서 반올림해서 소수 넷째 자리까지만 나타낼 것.

**문　제 8.** 만수르는 원유 3,000,000배럴을 배럴당 $120에 매수하여 이를 3개월 후에 전량 매도하고자 한다. 만수르는 3개월 후에 유가가 어떻게 변할지 불안하여 원유 3,000,000배럴에 대한 3개월 만기의 선도계약을 빅토르에게 매도하고자 한다. 연간이자율은 2%이다.

(1) 선도가격은 배럴당 얼마로 하는 것이 적절한가?

(2) 만수르가 선도계약을 체결하는 데 실패한 상태에서 3개월 후 유가가 $150가 되어 이 가격에 원유를 전량 매도한다면, 만수르는 얼마의 수익을 보게 되는가?

(3) 만수르가 선도계약을 체결하는 데 실패한 상태에서 3개월 후 유가가 $90가 되어 이 가격에 원유를 전량 매도한다면, 만수르는 얼마의 수익을 보게 되는가?

(4) 만수르가 선도계약을 체결한 상태에서 3개월 후 유가

가 $150가 된다면, 만수르는 얼마의 수익을 보게 되는가?

(5) 만수르가 선도계약을 체결한 상태에서 3개월 후 유가가 $90가 된다면, 만수르는 얼마의 수익을 보게 되는가?

(6) 빅토르가 선도계약을 체결한 상태에서 3개월 후 유가가 $150가 된다면, 빅토르는 얼마의 수익을 보게 되는가?

(7) 빅토르가 선도계약을 체결한 상태에서 3개월 후 유가가 $90가 된다면, 빅토르는 얼마의 수익을 보게 되는가?

단, 소수 다섯째 자리에서 반올림해서 소수 넷째 자리까지만 나타낼 것.

**문 제 9.** 만수르는 원유 3,000,000배럴을 배럴당 $120에 공매도하여 이를 3개월 후에 전량 재매수하고자 한다. 만수르는 3개월 후에 유가가 어떻게 변할지 불안하여 원유 3,000,000배럴에 대한 3개월 만기의 선도계약을 빅토르로부터 매수하고자 한다. 연간이자율은 2%이다.

(1) 선도가격은 배럴당 얼마로 하는 것이 적절한가?

(2) 만수르가 선도계약을 체결하는 데 실패한 상태에서 3개월 후 유가가 $150가 되어 이 가격에 원유를 전량 재매수한다면, 만수르는 얼마의 수익을 보게 되는가?

(3) 만수르가 선도계약을 체결하는 데 실패한 상태에서 3개월 후 유가가 $90가 되어 이 가격에 원유를 전량 재매수한다면, 만수르는 얼마의 수익을 보게 되는가?

(4) 만수르가 선도계약을 체결한 상태에서 3개월 후 유가가 $150가 된다면, 만수르는 얼마의 수익을 보게 되는가?

(5) 만수르가 선도계약을 체결한 상태에서 3개월 후 유가가 $90가 된다면, 만수르는 얼마의 수익을 보게 되는가?

(6) 빅토르가 선도계약을 체결한 상태에서 3개월 후 유가가 $150가 된다면, 빅토르는 얼마의 수익을 보게 되는가?

(7) 빅토르가 선도계약을 체결한 상태에서 3개월 후 유가가 $90가 된다면, 빅토르는 얼마의 수익을 보게 되는가?

단, 소수 다섯째 자리에서 반올림해서 소수 넷째 자리까지만 나타낼 것.

# 제 3 장

# 옵션의 이해

여러분이 자동차를 구매해본 적이 있다면 잘 알겠지만, 같은 모델의 자동차라도 편의장치를 더 추가하느냐 덜 추가하느냐에 따라 그 가격이 달라진다. 특히 현대자동차와 기아자동차의 경우, 경쟁회사들에 비해 이러한 편의장치의 선택폭이 매우 넓은 것으로 유명하다. 미국이나 다른 나라에서는 어떤지 몰라도 최소한 한국에서는 그렇다. 이러한 추가적인 편의장치를 옵션이라고 한다. 여기까지 읽고 "음, 그렇군."이라고 생각하는 학생들이 있다면 더 이상 긴 말은 하지 않겠다. 우리가 다루고자 하는 옵션은 그 옵션이 아니라 파생상품으로서의 옵션이다.

이 장에서는 추가적인 편의장치가 아닌 파생상품으로서의 옵션에 대해 살펴보기로 한다. 옵션을 이용한 각종 전략과 옵션의 가격을 계산하는 그 유명한 블랙-숄즈 모형도 다루기로 한다. 그리고 옵션이 어떤 경제적 기능을 하는지에 대해서도 살펴보기로 하자.

# 1 콜옵션과 풋옵션

2004년 그룹 더 넛츠(The Nuts)가 발표한 "사랑의 바보"라는 노래가 있다. 1992년 일본의 오다 테츠로(織田哲郎)가 작곡하고 나카야마 미호(中山美穂)와 그룹 완즈(WANDS)가 부른 "세상 누구보다 반드시(世界中の誰よりきっと)"를 리메이크한 곡이다. 가사는 원곡과 전혀 다른 내용인데, 가사의 골자는 나는 그녀에게 좋은 남자가 나타날 때까지 그냥 옆에서 그녀를 지켜주고 보살펴주는 존재에 불과하고 그걸로 만족한다는 것이다. 그것도 자발적으로. 여자들 입장에서 이런 남자가 곁에 있었으면 하고 바라는 심리가 있었는지 이 곡은 상당히 인기가 좋았다. 남자 입장에서 보면 정말... 더 이상 긴 말은 하지 않겠다. 노래가 궁금한 학생들은 인터넷으로 검색해보기 바란다.

이 곡에 등장하는 남자는 해당 여자의 입장에서 보면 언제든 돌아갈 수 있는 안식처 같은 존재이다. 즉, 결혼을 해서 가정을 꾸리는 일을 염두에 둘 때, 이 남자가 항상 주인공 여자를 기다려 주는 한, 이 여자는 안전장치를 가지고 있는 셈이다. 만약 결혼할 시기가 되어서 더 좋은 가정을 선사해 줄 수 있는 남자가 나타난다면 그 남자와 결혼을 하면 될 것이지만, 만약 그렇지 못하다면 자신을 한없이 기다리고 있는 이 불쌍한 남자와 가정을 꾸릴 수 있기 때문이다. 이것이 바로 옵션의 개념이다. 즉, 뭔가 보장된 것이 있어서 그것을 선택할 권리가 바로 옵션인 것이다. 권리의 특징은 포기할 수 있다는 것이다. 이는 의무와 상반되는 측면이다. 의무는 포기하면 반드시 처벌이나 제재가 뒤따르지만, 권리는 유리하면 행사할 수도 있고 불리하면 스스로 포기할 수도 있다는 특징이 있는 것이다. 나만을 바라보는 바보같은 남자를 선택할 수 있는 권리, 그것이 바로 이 행복한 여자가 가진 옵션인 것이다.

이 절에서는 어떤 자산을 사거나 팔 수 있는 권리를 나타내는 **옵션(option)**에 대해 살펴보기로 한다. 옵션의 종류는 매우 다양하지만 이 책에서는 **유럽식 옵션(European option)**만을 다루기로 한다. 따라서, 유럽식 옵션이라는 말 대신 그냥 간단히 옵션이라 지칭하기로 한다.

---

**정　　의 17** (콜옵션과 풋옵션). 어떤 자산에 대하여,

(*a*) **콜옵션(call option)**: 옵션 보유자가 해당자산을 특정 미래시점에 발행당시에 정한 특정가격으로 옵션 발행자로부터 살 수 있는 권리를 나타내는 증권.

(*b*) **풋옵션(put option)**: 옵션 보유자가 해당자산을 특정 미래시점에 발행당시에 정한 특정가격으로 옵션 발행자에게 팔 수 있는 권리를 나타내는 증권.

(*c*) **기초자산(underlying asset)**: 옵션의 거래대상이 되는 자산.

(*d*) **만기(maturity, expiry)**: 옵션에 의해 기초자산이 거래되는 특정 미래시점.

(*e*) **행사가격(exercise price, striking price)**: 옵션 발행당시에 정한 특정가격으로 만기에 기초자산을 거래하는 데에 적용되는 가격.

---

(*f*) **옵션 가격(option price, option premium):** 옵션을 발행할 때 옵션 발행자가 수수하는 옵션의 가격.

**주    의 15.** 위의 정의 17에서 옵션은 권리라 했는데, 조금 더 정확히 이야기 하면, 옵션을 보유한 사람은 이러한 권리를 갖는 반면, **옵션을 발행한 사람은 옵션 보유자의 권리행사 혹은 권리포기에 응해줄 의무를 갖는다**고 할 수 있다. 옵션을 보유한 사람이 권리를 행사했는데 옵션을 발행한 사람이 이에 응하지 않으면 옵션 보유자의 권리행사가 이루어질 수 없기 때문이다. 그리고 이러한 의무를 지는 댓가로 옵션 발행자는 옵션 보유자로부터 옵션 가격을 지급받게 되는 것이다.

앞 장의 선도와 선물의 경우와 마찬가지로, 옵션의 경우에도 페이오프와 수익에 대해 알아보기로 하자. 이를 위해 다음의 정의 18과 보조정리 2에서 최대, 최소 함수에 대해 먼저 살펴볼 필요가 있다. 아래의 정의 18과 보조정리 2의 내용은 조승모(2014)의 제4장 1절에도 간략하게 등장하는데, 조승모(2014)의 제4장 1절에서는 이들을 너무나도 당연하다고 치부하고 증명 없이 간단히 그 결과만 언급하고 있다.

하지만 학생들에게는 이게 전혀 당연하지 않았던지 저자가 조승모(2014)를 교재로 하여 강의를 진행하는 동안 이에 관한 학생들의 질문을 기대이상으로 많이 받았었다. 비단 이 사안에 국한된 건 아니지만, 이해가 안 되면 외운다는 마음가짐으로 아예 질문을 하지 않은 학생들도 많기 때문에, 도대체 왜 그렇게 되는지 도저히 이해를 못하겠다는 학생들이 생각보다 꽤 많았다고 판단된다. 따라서, 이 책에서는 정의 18과 보조정리 2를 통해 이에 대해 증명과 함께 상세히 설명하고자 한다.

학생들에게 바라건데, 이해가 안 되면 제발 질문을 해서 이해가 되도록 해주면 좋겠다. 외우려고만 하지 말고. 그리고 질문을 한다면 수업시간에 해주면 좋겠다. 수업시간에 질문을 하면 단 한 번의 질문과 단 한 번의 응답으로 충분할 일인데, 학생들은 질문을 하더라도 꼭 수업이 끝나고 나서 개별적으로 질문을 하는 경향이 있는 것 같다. 어떤 경우에는 수십 명의 학생들로부터 개별적으로 똑같은 질문을 받고 개별적으로 똑같은 대답만 수십 번 해준 적도 있다. 이 얼마나 큰 낭비인가?

**정  의 18.** 실수 $x, y$에 대하여,

(a) $\max\{x, y\} := \begin{cases} x, & \text{if } x \geq y; \\ y, & \text{if } x < y, \end{cases}$

(b) $\min\{x, y\} := \begin{cases} y, & \text{if } x \geq y; \\ x, & \text{if } x < y. \end{cases}$

**보조정리 2.** 실수 $x, y, z$ 및 양의 실수 $p > 0$에 대하여,

(a) $\max\{x, y\} \pm z = \max\{x \pm z, y \pm z\}$,

(b) $\min\{x, y\} \pm z = \min\{x \pm z, y \pm z\}$,

(c) $p \max\{x, y\} = \max\{px, py\}$,

$(d)$ $p\min\{x,y\} = \min\{px,py\}$,

$(e)$ $-p\max\{x,y\} = \min\{-px,-py\}$,

$(f)$ $-p\min\{x,y\} = \max\{-px,-py\}$.

증     명. $(a)$ 다음과 같다.

$$\max\{x,y\} \pm z = \begin{cases} x \pm z, & \text{if } x \geq y; \\ y \pm z, & \text{if } x < y \end{cases}$$

$$= \begin{cases} x \pm z, & \text{if } x \pm z \geq y \pm z; \\ y \pm z, & \text{if } x \pm z < y \pm z \end{cases}$$

$$= \max\{x \pm z, y \pm z\}.$$

$(b)$ 다음과 같다.

$$\min\{x,y\} \pm z = \begin{cases} y \pm z, & \text{if } x \geq y; \\ x \pm z, & \text{if } x < y \end{cases}$$

$$= \begin{cases} y \pm z, & \text{if } x \pm z \geq y \pm z; \\ x \pm z, & \text{if } x \pm z < y \pm z \end{cases}$$

$$= \min\{x \pm z, y \pm z\}.$$

$(c)$ 다음과 같다.

$$p\max\{x,y\} = \begin{cases} px, & \text{if } x \geq y; \\ py, & \text{if } x < y \end{cases}$$

$$= \begin{cases} px, & \text{if } px \geq py; \\ py, & \text{if } px < py \end{cases}$$

$$= \max\{px,py\}.$$

($d$) 다음과 같다.

$$p \min\{x, y\} = \begin{cases} py, & \text{if } x \geq y; \\ px, & \text{if } x < y \end{cases}$$

$$= \begin{cases} py, & \text{if } px \geq py; \\ px, & \text{if } px < py \end{cases}$$

$$= \min\{px, py\}.$$

($e$) 다음과 같다.

$$-p \max\{x, y\} = \begin{cases} -px, & \text{if } x \geq y; \\ -py, & \text{if } x < y \end{cases}$$

$$= \begin{cases} -px, & \text{if } -px \leq -py; \\ -py, & \text{if } -px > -py \end{cases}$$

$$= \min\{-px, -py\}.$$

($f$) 다음과 같다.

$$-p \min\{x, y\} = \begin{cases} -py, & \text{if } x \geq y; \\ -px, & \text{if } x < y \end{cases}$$

$$= \begin{cases} -py, & \text{if } -px \leq -py; \\ -px, & \text{if } -px > -py \end{cases}$$

$$= \max\{-px, -py\}.$$

□

지금까지의 논의를 바탕으로 이제 옵션의 페이오프와 수익에 대해 알아보기로 하자. 먼저 콜옵션의 페이오프와 수익은 다음과 같다.

> **정  리 6** (콜옵션의 페이오프와 수익). $t$시점에서의 가격이 $S_t$인 자산을 기초자산으로 하고, 만기가 $T > t$시점, 행사가격이 $K$, $t$시점에서의 가격이 $C_t$인 콜옵션에 대해서,
> (a) $t$시점에서 롱 포지션을 취할 때 $T$시점에서의 **페이오프**:
>    $\max\{0, S_T - K\}$,
> (b) $t$시점에서 롱 포지션을 취할 때 $T$시점까지의 **수익**:
>    $\max\{0, S_T - K\} - C_t$,
> (c) $t$시점에서 숏 포지션을 취할 때 $T$시점에서의 **페이오프**:
>    $-\max\{0, S_T - K\}$,
> (d) $t$시점에서 숏 포지션을 취할 때 $T$시점까지의 **수익**:
>    $-\max\{0, S_T - K\} + C_t$.

**증  명.** (a) 콜옵션에 롱 포지션을 취하면 만기에 기초자산을 행사가격에 살 수 있는 권리를 보유하게 된다. 따라서, 만기에 이 권리를 행사하거나 혹은 포기하면 이 권리가 사라지게 된다. 이때 발생하는 현금흐름이 바로 콜옵션에 롱 포지션을 취했을 때 만기 $T$시점에서의 페이오프이다.

만약, $S_T \geq K$라면, $T$시점에서 기초자산의 시장가격이 행사가격보다 높으므로 콜옵션을 행사하는 것이 더 낮은 행사가격으로 기초자산을 매수할 수 있어 콜옵션을 행사하게 된다. 그렇게 해서 매수한 기초자산에 대한 모든 권리마저 사라지게 하려면 기초자산을 시장에서 매도하면 된다. 따라서 $T$시점에서 총 $S_T - K$라는 현금흐름이 발생하게 된다.

반대로 $S_T < K$라면, $T$시점에서 기초자산의 시장가격이 행

76

사가격보다 낮으므로 콜옵션 행사를 포기하고 시장에서 시장가격으로 기초자산을 매수하는 것이 더 유리하다. 콜옵션의 행사를 포기하므로 콜옵션으로부터 현금흐름은 발생하지 않는다.

즉, $T$시점에서의 페이오프는 $S_T - K \geq 0$인 경우 $S_T - K$가 되고 $S_T - K < 0$인 경우 $0$이 되어 $S_T - K$와 $0$ 중 큰 값이 된다. 이를 수식으로 나타내면 다음과 같다.

$$\text{payoff} = \begin{cases} S_T - K, & \text{if } S_T \geq K; \\ 0, & \text{if } S_T < K \end{cases}$$
$$= \max\{0, S_T - K\}.$$

($b$) $t$시점에서 콜옵션에 롱 포지션을 취할 때 발생하는 현금흐름은 콜옵션을 매수하면서 지급하는 콜옵션의 가격인 $-C_t$가 될 것이다. 따라서, $T$시점에 발생하는 현금흐름인 $\max\{0, S_T - K\}$와 이 현금흐름을 합치면 $\max\{0, S_T - K\} - C_t$가 된다. 이를 그림으로 나타낸 것이 그림 3.1이다.

($c$) 콜옵션에 숏 포지션을 취하면 콜옵션을 발행후 매도하므로 콜옵션 보유자의 권리행사 혹은 권리포기에 따라야 할 의무를 지게 된다. 따라서, 만기에 이 의무를 이행하면 이 의무가 사라지게 된다. 이때 발생하는 현금흐름이 바로 콜옵션에 숏 포지션을 취했을 때 만기 $T$시점에서의 페이오프이다.

만약, $S_T \geq K$라면, $T$시점에서 기초자산의 시장가격이 행사가격보다 높으므로 콜옵션 보유자 입장에서는 콜옵션을 행사하는 것이 더 낮은 행사가격으로 기초자산을 매수할 수 있어 콜옵션을 행사하게 된다. 이에 응하기 위해 콜옵션 발행자는 기초자산을 시장에서 매수해서 콜옵션 보유자에게 행사가격에 매도해야 한다. 따라서 $T$시점에서 총 $K - S_T$라는 현금흐름이 발생하게 된다.

반대로 $S_T < K$라면, $T$시점에서 기초자산의 시장가격이 행사가격보다 낮으므로 콜옵션 보유자 입장에서는 콜옵션 행사를 포기하고 시장에서 시장가격으로 기초자산을 매수하는 것이 더 유리하다. 콜옵션 보유자가 콜옵션의 행사를 포기하므로 콜옵션으로부터 현금흐름은 발생하지 않는다.

즉, $T$시점에서의 페이오프는 $K - S_T \leq 0$인 경우 $K - S_T$가 되고 $K - S_T > 0$인 경우 $0$이 되어 $K - S_T$와 $0$ 중 작은 값이 된다. 이를 수식으로 나타내면 다음과 같다.

$$\textbf{payoff} = \begin{cases} K - S_T, & \text{if } S_T \geq K; \\ 0, & \text{if } S_T < K \end{cases}$$
$$= \min \{0, K - S_T\}$$
$$= -\max \{0, S_T - K\}.$$

($d$) $t$시점에서 콜옵션에 숏 포지션을 취할 때 발생하는 현금흐름은 콜옵션을 발행후 매도하는 가격인 $C_t$가 될 것이다. 따라서, $T$시점에 발생하는 현금흐름인 $-\max \{0, S_T - K\}$와 이 현금흐름을 합치면 $-\max \{0, S_T - K\} + C_t$가 된다. 이를 그림으로 나타낸 것이 그림 3.2이다. □

**정 리 7** (풋옵션의 페이오프와 수익). $t$시점에서의 가격이 $S_t$인 자산을 기초자산으로 하고, 만기가 $T > t$시점, 행사가격이 $K$, $t$시점에서의 가격이 $P_t$인 풋옵션에 대해서,

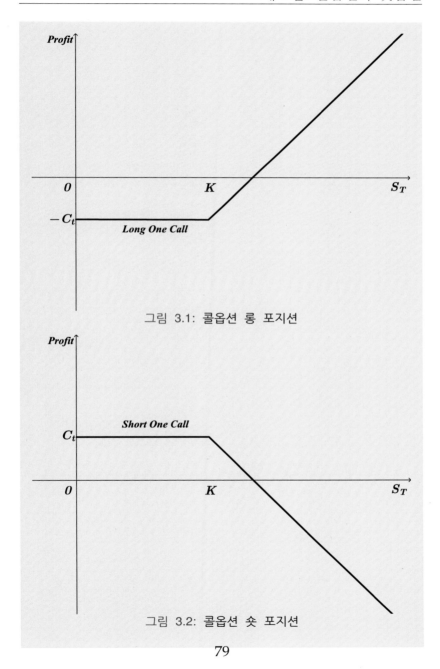

그림 3.1: 콜옵션 롱 포지션

그림 3.2: 콜옵션 숏 포지션

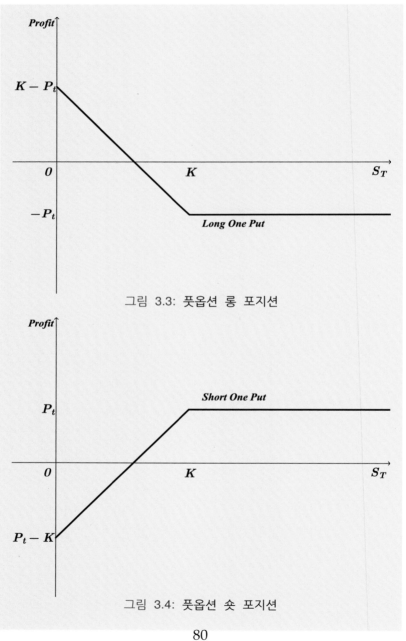

그림 3.3: 풋옵션 롱 포지션

그림 3.4: 풋옵션 숏 포지션

(a) $t$시점에서 롱 포지션을 취할 때 $T$시점에서의 페이오프: $\max\{0, K - S_T\}$,

(b) $t$시점에서 롱 포지션을 취할 때 $T$시점까지의 수익: $\max\{0, K - S_T\} - P_t$,

(c) $t$시점에서 숏 포지션을 취할 때 $T$시점에서의 페이오프: $-\max\{0, K - S_T\}$,

(d) $t$시점에서 숏 포지션을 취할 때 $T$시점까지의 수익: $-\max\{0, K - S_T\} + P_t$.

증    명. (a) 풋옵션에 롱 포지션을 취하면 만기에 기초자산을 행사가격에 팔 수 있는 권리를 보유하게 된다. 따라서, 만기에 이 권리를 행사하거나 혹은 포기하면 이 권리가 사라지게 된다. 이때 발생하는 현금흐름이 바로 풋옵션에 롱 포지션을 취했을 때 만기 $T$시점에서의 페이오프이다.

만약, $S_T \geq K$라면, $T$시점에서 기초자산의 시장가격이 행사가격보다 높으므로 풋옵션 행사를 포기하고 시장에서 시장가격으로 기초자산을 매도하는 것이 더 유리하다. 풋옵션의 행사를 포기하므로 풋옵션으로부터 현금흐름은 발생하지 않는다.

반대로 $S_T < K$라면, $T$시점에서 기초자산의 시장가격이 행사가격보다 낮으므로 풋옵션을 행사하는 것이 더 높은 행사가격으로 기초자산을 매도할 수 있어 풋옵션을 행사하게 된다. 이를 위해 풋옵션 보유자는 기초자산을 시장에서 매수해서 풋옵션 발행자에게 행사가격에 매도하면 된다. 따라서 $T$시점에서 총 $K - S_T$라는 현금흐름이 발생하게 된다.

즉, $T$시점에서의 페이오프는 $K - S_T \leq 0$인 경우 $0$가 되고 $K - S_T > 0$인 경우 $K - S_T$가 되어 $K - S_T$와 $0$ 중 큰 값이 된다. 이를 수식으로 나타내면 다음과 같다.

$$\mathbf{payoff} = \begin{cases} 0, & \text{if } S_T \geq K; \\ K - S_T, & \text{if } S_T < K \end{cases}$$
$$= \max \{0, K - S_T\}.$$

($b$) $t$시점에서 풋옵션에 롱 포지션을 취할 때 발생하는 현금흐름은 풋옵션을 매수하면서 지급하는 풋옵션의 가격인 $-P_t$가 될 것이다. 따라서, $T$시점에 발생하는 현금흐름인 $\max \{0, K - S_T\}$와 이 현금흐름을 합치면 $\max \{0, K - S_T\} - P_t$가 된다. 이를 그림으로 나타낸 것이 그림 3.3이다.

($c$) 풋옵션에 숏 포지션을 취하면 풋옵션을 발행후 매도하므로 풋옵션 보유자의 권리행사 혹은 권리포기에 따라야 할 의무를 지게 된다. 따라서, 만기에 이 의무를 이행하면 이 의무가 사라지게 된다. 이때 발생하는 현금흐름이 바로 풋옵션에 숏 포지션을 취했을 때 만기 $T$시점에서의 페이오프이다.

만약, $S_T \geq K$라면, $T$시점에서 기초자산의 시장가격이 행사가격보다 높으므로 풋옵션 보유자 입장에서는 풋옵션 행사를 포기하고 시장에서 시장가격으로 기초자산을 매도하는 것이 더 유리하다. 풋옵션 보유자가 풋옵션의 행사를 포기하므로 풋옵션으로부터 현금흐름은 발생하지 않는다.

반대로 $S_T < K$라면, $T$시점에서 기초자산의 시장가격이 행사가격보다 낮으므로 풋옵션 보유자 입장에서는 풋옵션을 행사하는 것이 더 높은 행사가격으로 기초자산을 매도할 수 있

어 풋옵션을 행사하게 된다. 풋옵션 발행자는 이에 응해서 풋옵션 보유자로부터 행사가격에 풋옵션을 매수해야 하고, 그렇게 해서 매수한 기초자산에 대한 모든 권리마저 사라지게 하려면 기초자산을 시장에서 매도하면 된다. 따라서 $T$시점에서 총 $S_T - K$라는 현금흐름이 발생하게 된다.

즉, $T$시점에서의 페이오프는 $S_T - K \geq 0$인 경우 0가 되고 $S_T - K < 0$인 경우 $S_T - K$가 되어 $S_T - K$와 0 중 작은 값이 된다. 이를 수식으로 나타내면 다음과 같다.

$$\text{payoff} = \begin{cases} 0, & \text{if } S_T \geq K; \\ S_T - K, & \text{if } S_T < K \end{cases}$$
$$= \min\{0, S_T - K\}$$
$$= -\max\{0, K - S_T\}.$$

(*d*) $t$시점에서 풋옵션에 숏 포지션을 취할 때 발생하는 현금흐름은 풋옵션을 발행후 매도하는 가격인 $P_t$가 될 것이다. 따라서, $T$시점에 발생하는 현금흐름인 $-\max\{0, K - S_T\}$와 이 현금흐름을 합치면 $-\max\{0, K - S_T\} + P_t$가 된다. 이를 그림으로 나타낸 것이 그림 3.4이다.           □

# 2   블랙-숄즈 모형과 옵션 가격 결정

옵션을 거래하려면 옵션 가격을 알아야 한다. 그렇다면 옵션 가격은 어떻게 알 수 있는가? 물론, 해당 옵션이 공식적인 시장에서 대량으로 매매되는 경우라면 충분한 수요와 충분한 공급에 의해 결정된 시장가격이 있을 것이므로 이 시장가격으로 거래하면 된다. 하지만, 만약 장외에서 사적으로 거래하는 옵션이라면 발행자 1명과 매수자 1명 사이의 거래이기 때문에 시장이 성립하지 않아 시장가격이 존재할 수 없다. 이럴 때 옵션의 가격을 계산해주는 대표적인 모형이 바로 이 절의 정리 9 에 등장하는 *블랙-숄즈 모형(Black-Scholes model)*이다. 이러한 논의는 조승모(2014)의 제4장 3절 시작 부분에도 잘 나타나 있다.

정리 9에 등장하는 이 모형은 Black and Scholes(1973) 및 Merton(1973b)에 의해 개발된 모형으로, Merton(1973b)가 블랙-숄즈 모형으로 부르면서 대개 블랙-숄즈 모형으로 불리게 되었으나, Merton(1973b)의 공헌도 함께 인정해야 한다는 의미로 *블랙-숄즈-머튼 모형(Black-Scholes-Merton model)*이라 부르기도 한다. 이 책에서는 편의상 블랙-숄즈 모형이라 부르기로 한다. 이 모형을 개발한 공로로 마이런 숄즈(Myron S. Scholes)와 로버트 머튼(Robert C. Merton)은 1997년에 노벨 경제학상(The Sveriges Riksbank Prize in Economic Sciences in Memory of Alfred Nobel)을 공동으로 수상하였다. 피셔 블랙(Fischer S. Black)은 1995년에 사망하여 이를 수상하지 못하였다.

정리 9를 보면 알겠지만, 블랙-숄즈 모형을 이용하여 옵션 가격을 계산하려면 $\Phi(z)$라는 함수에 대해 알아야 한다. 정리 9 를 보고 지레 겁먹을 필요는 없다. 괴팍해 보여도 알고보면 계산기만 사용할 줄 알면 계산할 수 있는 모형이다. 이 책에는 고도의 수학이 등장하지 않으니 걱정할 필요는 없다.

아래의 정의 19부터 예시 4까지에 이르는 *표준정규분포의*

**누적확률분포함수**(*cumulative distribution function for the standard normal distribution*)에 관한 내용은 조승모 (2014) 의 제1장 4절에도 구체적인 서술과 숫자만 다를 뿐 같은 내용 이 그대로 등장한다. 다만, 조승모 (2014)의 제1장 4절에는 이 에 대한 보다 자세하고 수학적인 내용도 추가로 논의되고 있기 때문에, 표준정규분포의 누적확률분포함수에 관한 더욱 자세한 사항에 대해서는 조승모 (2014)를 참조하기 바란다.

이제 블랙-숄즈 모형을 공부하기 전 준비단계로 $\Phi(z)$ 함수 에 대해 본격적으로 알아보자.

> **정    의 19** (표준정규분포의 누적확률분포함수). 다음과 같이 정의된 함수
>
> $$\Phi(z) := \int_{-\infty}^{z} \frac{1}{\sqrt{2\pi}} e^{-\frac{1}{2}x^2} dx$$
>
> 를 **표준정규분포의 누적확률분포함수**(*cumulative distribution function for the standard normal distribution*) 이라 한다.

이 $\Phi(z)$ 함수의 그래프는 그림 3.5와 같다. 이 함수의 함수 값을 손으로 계산하라는 문제는 절대로 나올 수 없다. 왜냐하 면 손으로 계산할 수 없기 때문이다. 이 함수의 함수값은 부록 A에 있는 표준정규분포표를 이용해서 구할 수 있다. 부록 A의 표준정규분포표를 이용하는 방법은 이렇다. 표의 맨 왼쪽 열과 맨 위쪽 행에 있는 숫자를 조합하면 그것이 바로 $\Phi(z)$ 함수의

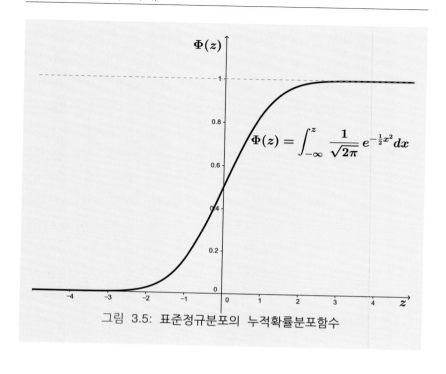

그림 3.5: 표준정규분포의 누적확률분포함수

$z$ 값이고, 이 숫자들로부터 각각 수평선과 수직선을 그어 이 두 선이 만나는 지점에 있는 숫자를 읽으면 그것이 바로 이 $z$ 값에 대응하는 $\Phi(z)$ 함수의 함수값이다.

예를 들어, $\Phi(-3.14)$는 이렇게 구할 수 있다. 부록 A의 표준정규분포표에서 맨 왼쪽 열에 있는 −3.1과 맨 위쪽 행에 있는 .04를 찾고 이들로부터 각각 수평선과 수직선을 그어 두 선이 만나는 지점의 숫자인 0.0008를 찾으면 $\Phi(-3.14) = 0.0008$인 것이다. $\Phi(3.14)$의 경우, 부록 A의 표준정규분포표에서 맨 왼쪽 열에 있는 3.1과 맨 위쪽 행에 있는 .04를 찾고 이들로부터 각각 수평선과 수직선을 그어 두 선이 만나는 지점의 숫자인 0.9992를 찾으면 $\Phi(3.14) = 0.9992$인 것이다.

다만, 이 표가 모든 함수값을 다 수록하고 있는 것은 아니기 때문에, 이 표를 이용해서 이 표에 나와 있지 않은 값을 계산하기 위해서는 다음의 사항들을 숙지하고 있어야 한다.

---

**주　　의 16.** 부록 A의 표준정규분포표를 이용함에 있어,

(a) 이 표에 나와 있는 $z$ 값 중 가장 큰 값보다 더 큰 $z$ 값에 대한 $\Phi(z)$ 함수값은 1로 두어도 무방하다.

(b) 이 표에 나와 있는 $z$ 값 중 가장 작은 값보다 더 작은 $z$ 값에 대한 $\Phi(z)$ 함수값은 0으로 두어도 무방하다.

(c) $\Phi(-z) = 1 - \Phi(z)$.

(d) 이 표에 나와 있는 $z_1$ 및 $z_3$와 이 표에 나와 있지 않은 $z_1 < z_2 < z_3$인 $z_2$에 대해, $\Phi(z_2)$ 함수값은 다음과 같이 근사적으로 구할 수 있다.

$$\Phi(z_2) = \Phi(z_1) + \frac{\Phi(z_3) - \Phi(z_1)}{z_3 - z_1} \times (z_2 - z_1).$$

---

여기서, 주의 16의 (a)와 (b)는 그림 3.5에서 볼 수 있는 바와 같이

$$\lim_{z \to +\infty} \Phi(z) = 1 \quad \text{및} \quad \lim_{z \to -\infty} \Phi(z) = 0$$

이기 때문이다. 주의 16의 (c) 또한 그림 3.5의 형태로부터 쉽게 확인할 수 있다. 주의 16의 (d)와 같이 근사치를 구하는 방

법을 **선형보간법(linear interpolation)**이라 하는데, 그림 3.5에서 볼 수 있는 바와 같이, 원래의 $\Phi(z)$ 함수는 곡선이지만 매우 작은 구간에서는 이 함수를 직선으로 보아도 원래의 함수와 크게 차이가 나지 않는다는 점에 착안한 방법이다. 이에 대한 구체적인 증명은 다음과 같다.

**정      리 8** (선형보간법(linear interpolation)). 표준정규분포의 누적확률분포함수 $\Phi(z)$와 $z_3 - z_1$이 아주 작은 $z_1 < z_2 < z_3$인 실수 $z_1$, $z_2$, 및 $z_3$에 대하여, $\Phi(z_1)$과 $\Phi(z_3)$가 알려져 있을 때, 구간 $[z_1, z_3]$에서 함수 $\Phi(z)$가 직선이라고 가정하면 다음과 같이 $\Phi(z_2)$를 근사적으로 구할 수 있다.

$$\Phi(z_2) = \Phi(z_1) + \frac{\Phi(z_3) - \Phi(z_1)}{z_3 - z_1} \times (z_2 - z_1).$$

**중      명.** 구간 $[z_1, z_3]$에서 함수 $\Phi(z)$가 직선이라고 가정하면 $z_1$과 $z_2$ 사이에서의 직선의 기울기와 $z_1$과 $z_3$ 사이에서의 직선의 기울기는 동일하다. 따라서 다음과 같은 식이 성립한다.

$$\frac{\Phi(z_2) - \Phi(z_1)}{z_2 - z_1} = \frac{\Phi(z_3) - \Phi(z_1)}{z_3 - z_1}.$$
$$\Phi(z_2) - \Phi(z_1) = \frac{\Phi(z_3) - \Phi(z_1)}{z_3 - z_1} \times (z_2 - z_1).$$
$$\therefore \ \Phi(z_2) = \Phi(z_1) + \frac{\Phi(z_3) - \Phi(z_1)}{z_3 - z_1} \times (z_2 - z_1).$$

$\square$

**예   시 4.** 다음 값들을 구하시오.

**(1)** $\Phi(0.1592)$.

**(2)** $\Phi(-0.032)$.

**(3)** $\Phi(3.6753)$.

**(4)** $\Phi(-4.2534)$.

단, 소수 다섯째 자리에서 반올림해서 소수 넷째 자리까지만 나타낼 것.

**풀    이. (1)** $0.15 < 0.1592 < 0.16$이므로,

$$\Phi(0.1592) = \Phi(0.15) + \frac{\Phi(0.16) - \Phi(0.15)}{0.16 - 0.15} \times (0.1592 - 0.15)$$

$$= 0.5596 + \frac{0.5636 - 0.5596}{0.01} \times 0.0092$$

$$= 0.5633.$$

**(2)** $-0.04 < -0.032 < -0.03$이지만, 부록 A의 표준정규분포표에 $\Phi(-0.04)$와 $\Phi(-0.03)$이 나타나 있지 않다. 따라서, 다음과 같이 구할 수 있다.

$$\Phi(-0.032) = 1 - \Phi(0.032)$$

$$= 1 - \left[\Phi(0.03) + \frac{\Phi(0.04) - \Phi(0.03)}{0.04 - 0.03} \times (0.032 - 0.03)\right]$$

$$= 1 - \left[0.5120 + \frac{0.5160 - 0.5120}{0.01} \times 0.002\right]$$

$$= 0.4872.$$

또는 $\Phi(-0.04) = 1 - \Phi(0.04) = 1 - 0.5160 = 0.4840$ 및 $\Phi(-0.03) = 1 - \Phi(0.03) = 1 - 0.5120 = 0.4880$이므로, 다음과 같이 구할 수도

있다.

$$\Phi(-0.032) = \Phi(-0.04) + \frac{\Phi(-0.03) - \Phi(-0.04)}{-0.03 - (-0.04)} \times [-0.032 - (-0.04)]$$

$$= 0.4840 + \frac{0.4880 - 0.4840}{0.01} \times 0.008$$

$$= 0.4872.$$

**(3)** 3.6753은 부록 A의 표준정규분포표에 수록된 $z$ 값 중 가장 큰 값인 3.59보다 크므로, $\Phi(3.6753) = 1$.

**(4)** $-4.2534$는 부록 A의 표준정규분포표에 수록된 $z$ 값 중 가장 작은 값인 $-3.59$보다 작으므로, $\Phi(-4.2534) = 0$. □

드디어 블랙-숄즈 모형을 이용하여 옵션가격을 계산할 준비가 되었다. 이제 블랙-숄즈 모형을 살펴보고 이를 이용한 옵션 가격의 계산을 실제로 해보도록 하자.

**정 리 9** (블랙-숄즈 모형(Black-Scholes model)). $t$시점에서 기초자산의 가격이 $S_t$, 기초자산 일별수익률의 분산이 연간 $\sigma^2$, 행사가격이 $K$이고, 만기가 $T > t$이며, $t$시점에서의 가격이 각각 $C_t$ 및 $P_t$인 콜옵션과 풋옵션에 대하여, 연간이자율이 $r$일 때, 무차익거래 상태에서 다음의 식이 성립한다.

$$C_t = S_t\Phi(d_1) - Ke^{-r\tau}\Phi(d_2)$$

및

$$P_t = Ke^{-r\tau}\Phi(-d_2) - S_t\Phi(-d_1)$$

단,

$$\tau = T - t,$$

$$d_1 = \frac{\ln \frac{S_t}{K} + \left(r + \frac{1}{2}\sigma^2\right)\tau}{\sigma\sqrt{\tau}},$$

$$d_2 = d_1 - \sigma\sqrt{\tau},$$

$$\Phi(z) = \int_{-\infty}^{z} \frac{1}{\sqrt{2\pi}} e^{-\frac{1}{2}x^2} dx.$$

**증    명.** 증명은 조승모 (2014)의 제4장 3절 정리 19를 참조할 것.                                                   □

**주    의 17.** *i*일에서 기초자산의 ***종가(시장이 마감될 때의 값, closing price)***를 $S_i$라 하고, *i*−1일과 *i*일 사이의 일별단순수익률을

$$x_i = \frac{S_i - S_{i-1}}{S_{i-1}}$$

라 하면, *n*일 동안 $x_i$의 **평균(mean)**과 **분산(variance)**은 다음과 같이 구할 수 있다.

$$\bar{x} = \frac{1}{n}\sum_{i=1}^{n} x_i$$

및

$$s^2 = \frac{1}{n-1}\sum_{i=1}^{n} (x_i - \bar{x})^2.$$

1년에 총 $N$일이 있다면, 다음과 같이 $\sigma$를 구할 수 있다.

$$\sigma^2 = Ns^2$$

즉,

$$\sigma = \sqrt{\frac{N}{n-1} \sum_{i=1}^{n} (x_i - \bar{x})^2}.$$

블랙-숄즈 모형을 계산하기 위해 기초자산의 과거가격을 이용하여 $\sigma$를 구해내는 위와 같은 방식에 대한 이론적인 근거는 조승모(2014)의 제2장 3절에 잘 서술되어 있다.

제1장 1절의 정의 2에서 **다른 자산의 가격에 연동되어 그 가격이 결정되는 자산을 파생상품(derivative, derivative security)**이라 했는데, 정리 9의 블랙-숄즈 모형은 옵션이 파생상품이라는 사실을 분명히 보여주는 모형이라 할 수 있다. 블랙-숄즈 모형에 의하면 옵션 가격은 기초자산의 가격에 연동되어 결정되기 때문이다.

위의 주의 17과 같은 방식으로 $\sigma$를 구하는 과정은 이 장의 7절 연습문제 중 문제 25에서 연습해 보기로 하고, 여기서는 우선 $\sigma$를 구한 상태에서 블랙-숄즈 모형을 이용해서 옵션 가격을 계산하는 연습을 예시 5를 통해 해보도록 하자. 예시 5와 유사한 문제로 조승모(2014)의 제4장 3절 예시 16, 조승모(2014)의 제4장 6절 연습문제 중 문제 65, 문제 68, 문제 71이 있으니 비슷한 문제를 더 풀어보고 싶은 학생들은 참고하기 바란다.

**예　　시 5.** 기초자산의 가격이 ₩2,800,000, 기초자산 일별수익률의 분산이 연간 $(36\%)^2$, 행사가격이 ₩2,700,000 이고, 만기가 2개월 후인 콜옵션과 풋옵션에 대하여, 연간이자율이 4%일 때, 다음 물음에 답해보시오.

**(1)** 무차익거래 상태에서 블랙-숄즈 모형을 이용하여 이 콜옵션의 가격을 구하시오.

**(2)** 무차익거래 상태에서 블랙-숄즈 모형을 이용하여 이 풋옵션의 가격을 구하시오.

단, 소수 다섯째 자리에서 반올림해서 소수 넷째 자리까지만 나타낼 것.

**풀　　이.** $S_t =$ ₩$2,800,000$, $\sigma = 36\%$, $K =$ ₩$2,700,000$, $\tau = 2/12$, $r = 4\%$이므로,

$$
\begin{aligned}
d_1 &= \frac{\ln \dfrac{S_t}{K} + \left(r + \dfrac{1}{2}\sigma^2\right)\tau}{\sigma\sqrt{\tau}} \\[2mm]
&= \frac{\ln \dfrac{\text{₩}2,800,000}{\text{₩}2,700,000} + \left(0.04 + \dfrac{1}{2} \times 0.36^2\right) \times \dfrac{2}{12}}{0.36 \times \sqrt{\dfrac{2}{12}}} \\[2mm]
&= 0.3663
\end{aligned}
$$

및

$$d_2 = d_1 - \sigma \sqrt{\tau}$$

$$= 0.3663 - 0.36 \times \sqrt{\frac{2}{12}}$$

$$= 0.2193.$$

따라서, 다음과 같다.

$$\Phi(d_1) = \Phi(0.3663)$$

$$= \Phi(0.36) + \frac{\Phi(0.37) - \Phi(0.36)}{0.37 - 0.36} \times (0.3663 - 0.36)$$

$$= 0.6406 + \frac{0.6443 - 0.6406}{0.01} \times 0.0063$$

$$= 0.6429$$

및

$$\Phi(d_2) = \Phi(0.2193)$$

$$= \Phi(0.21) + \frac{\Phi(0.22) - \Phi(0.21)}{0.22 - 0.21} \times (0.2193 - 0.21)$$

$$= 0.5832 + \frac{0.5871 - 0.5832}{0.01} \times 0.0093$$

$$= 0.5868.$$

**(1)** 무차익거래 상태에서 블랙-숄즈 모형을 이용하면 콜옵션의 가격은 다음과 같이 구할 수 있다.

$$C_t = S_t \Phi(d_1) - K e^{-r\tau} \Phi(d_2)$$

$$= ₩2,800,000 \times 0.6429 - ₩2,700,000 \times e^{-0.04 \times \frac{2}{12}} \times 0.5868$$

$$= ₩226,287.2701.$$

(2) 무차익거래 상태에서 블랙-숄즈 모형을 이용하면 풋옵션의 가격은 다음과 같이 구할 수 있다.

$$P_t = Ke^{-r\tau}\Phi(-d_2) - S_t\Phi(-d_1)$$
$$= Ke^{-r\tau}[1 - \Phi(d_2)] - S_t[1 - \Phi(d_1)]$$
$$= ₩2,700,000 \times e^{-0.04\times\frac{2}{12}} \times (1 - 0.5868)$$
$$- ₩2,800,000 \times (1 - 0.6429)$$
$$= ₩108,347.137.$$

□

# 3  차익거래와 옵션 관계식

선물과 마찬가지로 옵션의 경우에도 옵션을 이용해서 차익거래, 투기거래, 헷징 거래를 할 수 있다. 제2장 4절에서 선물을 이용한 차익거래를 다룰 때 설명한 바와 같이, 차익거래를 하려면 무차익거래에서 성립하는 관계식이 필요하다. 옵션의 경우 대표적인 관계식이 바로 정리 10에서 살펴볼 **풋-콜 패러티(put-call parity)**이다.

정리 10의 풋-콜 패러티는 그 자체로 여러가지 쓰임새가 있다. 우선, 풋-콜 패러티를 이용하면 콜옵션 가격으로부터 풋옵션 가격을 구하거나 반대로 풋옵션 가격으로부터 콜옵션 가격을 구할 수 있다. 이는 주의 18과 예시 7에서 다룰 예정이다. 또, 다음 절의 정리 14에서처럼 헷징 거래를 구성하거나 정리 15에서처럼 합성선물을 구성할 때에도 풋-콜 패러티가 이용된다.

뿐만 아니라, 풋-콜 패러티는 무차익거래 상태에서 성립하는 식인 만큼, 풋-콜 패러티가 어긋났을 때 차익거래를 구성할 수 있는 근거가 된다는 점 또한 매우 중요한 쓰임새라고 할 수 있다. 풋-콜 패러티가 어긋났을 때 이용할 수 있는 차익거래의 구성과정은 정리 10의 증명과정에서 확인할 수 있다. 따라서, 정리 10은 그 결과 뿐만 아니라 그 증명도 매우 중요하다고 하겠다. 구체적인 상황하에서 풋-콜 패러티가 어긋났을 때 차익거래를 구성하는 연습은 이 장의 7절 연습문제 중 문제 12, 문제 13, 문제 14, 문제 15를 통해 해볼 수 있다.

풋-콜 패러티는 오래전 Nelson(1904), Higgins(1906), Stoll (1969), 및 Merton(1973a) 등에 의해 정립된 만큼 그 내용과 증명 모두 널리 잘 알려져 있는 관계식이다. 따라서, 정리 10의 증명과정은 널리 알려진 일반적인 내용이다. 하지만, 그 구체적인 형식은 조승모(2016)의 증명과정을 그대로 따르고 있다. 따라서, 이 책에서 정리 10의 증명은 풋-콜 패러티에 대한 조승모(2016)의 증명과 완전히 동일하다고 하겠다.

**정    리 10** (풋-콜 패러티(put-call parity)). $t$시점에서의 가격이 $S_t$인 자산을 기초자산으로 하고, 만기가 $T > t$시점, 행사가격이 $K$, $t$시점에서의 옵션 가격이 각각 $C_t$ 및 $P_t$인 콜옵션과 풋옵션에 대하여, 연간이자율이 $r$일 때 기초자산과 옵션 가격들간에 무차익거래 상태에서 다음과 같은 관계식이 성립한다.

$$S_t + P_t - C_t = Ke^{-r\tau}$$

단, $\tau = T - t$.

**증명. Step 1.** $\tau = T - t$에 대하여, 만약 $S_t + P_t - C_t > Ke^{-r\tau}$이라면, $t$시점 현재 기초자산과 풋옵션은 고평가되어 있고 콜옵션은 저평가되어 있다고 할 수 있으므로, 고평가된 기초자산과 풋옵션은 매도하고(풋옵션은 발행후 매도), 저평가된 콜옵션은 매수하되, 필요한 자산은 빌려서 충당하고 남는 자금은 예금하여 다음과 같은 차익거래를 짤 수 있다. 여기서, $S_t + P_t - C_t > Ke^{-r\tau} \geq 0$임을 염두에 두어야 한다.

| $t$시점 | 현금흐름 |
|---|---|
| 기초자산 공매도. | $S_t$ |
| 풋옵션 발행후 매도. | $P_t$ |
| 콜옵션 매수. | $-C_t$ |
| 거래대금 예금. | $-(S_t + P_t - C_t)$ |
| $T$시점 | |
| 예금 인출. | $(S_t + P_t - C_t)e^{r\tau}$ |
| 기초자산 재매수후 상환. | $-S_T$ |
| 풋옵션 페이오프. | $-\max\{0, K - S_T\}$ |
| 콜옵션 페이오프. | $\max\{0, S_T - K\}$ |
| **차익** | $(S_t + P_t - C_t)e^{r\tau} - K > 0$ |

이때 $S_t + P_t - C_t > Ke^{-r\tau}$여서

$$(S_t + P_t - C_t)e^{r\tau} - K > 0$$

97

이므로 차익은 다음과 같다.

$$(S_t + P_t - C_t)\, e^{r\tau} - S_T - \max\{0, K - S_T\} + \max\{0, S_T - K\}$$

$$= \begin{cases} (S_t + P_t - C_t)\, e^{r\tau} - S_T - (K - S_T), & \text{if } S_T \leq K; \\ (S_t + P_t - C_t)\, e^{r\tau} - S_T + (S_T - K), & \text{if } S_T > K \end{cases}$$

$$= (S_t + P_t - C_t)\, e^{r\tau} - K > 0.$$

이러한 거래를 통해 $t$시점에서는 순현금흐름이 0이 되고 $T$ 시점에서는 순현금흐름이 확실하게 $(S_t + P_t - C_t)\, e^{r\tau} - K > 0$이 되며 이러한 거래에 투자자의 자금이나 자산이 투자된 바 없기 때문에 이는 추가적인 위험, 자금, 자산을 부담하지 않고 확실한 양의 수익을 실현한 거래, 즉 차익거래라 할 수 있다. 당연히 이 거래로부터 발생한 최종수익 $(S_t + P_t - C_t)\, e^{r\tau} - K > 0$는 차익이라 하겠다.

이러한 차익이 존재하는 한 투자자들은 이러한 거래를 계속하게 될 것이고, 이에 따라 기초자산과 풋옵션이 계속 매도되어 기초자산과 풋옵션의 공급이 늘게 되면 기초자산과 풋옵션의 가격인 $S_t$와 $P_t$는 내릴 것이다. 또한, 이러한 거래과정에서 콜옵션은 계속 매수될 것이기 때문에 콜옵션에 대한 수요가 늘게 되어 콜옵션의 가격 $C_t$는 오르게 될 것이다. 이러한 차익거래는 차익이 $(S_t + P_t - C_t)\, e^{r\tau} - K > 0$인 한 계속되어, $S_t$와 $P_t$가 내리고 $C_t$가 올라 차익이 없어질 때까지, 즉 $(S_t + P_t - C_t)\, e^{r\tau} - K = 0$이 될 때까지 계속될 것이다. 따라서, 결국 무차익거래 상태에서 다음 식이 성립하게 된다.

$$S_t + P_t - C_t = Ke^{-r\tau}$$

단, $\tau = T - t$.

**Step 2.** $\tau = T - t$에 대하여, 만약 $S_t + P_t - C_t < Ke^{-r\tau}$이라면, $t$시점 현재 기초자산과 풋옵션은 저평가되어 있고 콜옵션은 고평가되어 있다고 할 수 있으므로, 저평가된 기초자산과 풋옵션은 매수하고, 고평가된 콜옵션은 발행해서 매도하되, 필요한 자금은 대출로 충당하거나 남는 자금은 예금하여 다음과 같은 차익거래를 짤 수 있다.

| $t$시점 | 현금흐름 |
|---|:---:|
| 기초자산 매수. | $-S_t$ |
| 풋옵션 매수. | $-P_t$ |
| 콜옵션 발행후 매도. | $C_t$ |
| 거래대금 대출 혹은 예금. | $S_t + P_t - C_t$ |
| $T$시점 | |
| 대출 상환 혹은 예금 인출. | $-(S_t + P_t - C_t)\,e^{r\tau}$ |
| 기초자산 매도. | $S_T$ |
| 풋옵션 페이오프. | $\max\{0, K - S_T\}$ |
| 콜옵션 페이오프. | $-\max\{0, S_T - K\}$ |
| *차익* | $-(S_t + P_t - C_t)\,e^{r\tau} + K > 0$ |

이때 $S_t + P_t - C_t < Ke^{-r\tau}$여서

$$-(S_t + P_t - C_t)\,e^{r\tau} + K > 0$$

이므로 차익은 다음과 같다.

$$- (S_t + P_t - C_t)\, e^{r\tau} + S_T + \max\{0, K - S_T\} - \max\{0, S_T - K\}$$

$$= \begin{cases} - (S_t + P_t - C_t)\, e^{r\tau} + S_T + (K - S_T), & \text{if } S_T \le K; \\ - (S_t + P_t - C_t)\, e^{r\tau} + S_T - (S_T - K), & \text{if } S_T > K \end{cases}$$

$$= - (S_t + P_t - C_t)\, e^{r\tau} + K > 0.$$

이러한 거래를 통해 $t$시점에서는 순현금흐름이 0이 되고 $T$ 시점에서는 순현금흐름이 확실하게 $- (S_t + P_t - C_t)\, e^{r\tau} + K > 0$ 이 되며 이러한 거래에 투자자의 자금이나 자산이 투자된 바 없기 때문에 이는 추가적인 위험, 자금, 자산을 부담하지 않고 확실한 양의 수익을 실현한 거래, 즉 차익거래라 할 수 있다. 당연히 이 거래로부터 발생한 최종수익 $- (S_t + P_t - C_t)\, e^{r\tau} + K > 0$는 차익이라 하겠다.

이러한 차익이 존재하는 한 투자자들은 이러한 거래를 계속하게 될 것이고, 이에 따라 기초자산과 풋옵션이 계속 매수되어 기초자산과 풋옵션의 수요가 늘게 되면 기초자산과 풋옵션의 가격인 $S_t$와 $P_t$는 오를 것이다. 또한, 이러한 거래과정에서 콜옵션은 계속 매도될 것이기 때문에 콜옵션에 대한 공급이 늘게 되어 콜옵션의 가격 $C_t$는 내리게 될 것이다. 이러한 차익거래는 차익이 $- (S_t + P_t - C_t)\, e^{r\tau} + K > 0$인 한 계속되어, $S_t$와 $P_t$가 오르고 $C_t$가 내려 차익이 없어질 때까지, 즉 $- (S_t + P_t - C_t)\, e^{r\tau} + K = 0$이 될 때까지 계속될 것이다. 따라서, 결국 무차익거래 상태에서 다음 식이 성립하게 된다.

$$S_t + P_t - C_t = Ke^{-r\tau}$$

단, $\tau = T - t$.         □

지금까지 풋-콜 패러티에 대해 이론적으로 알아보았다. 이제 풋-콜 패러티에 대한 간단한 수치예를 살펴보기로 하자.

**예　　시 6.** 앞 절의 예시 5에서 풋-콜 패리티가 성립하는지 확인하시오.

**풀　　이.** 예시 5에서 $S_t = ₩2,800,000$, $P_t = ₩108,347.137$, $C_t = ₩226,287.2701$, $K = ₩2,700,000$, $\tau = 2/12$, $r = 4\%$이므로,

$$S_t + P_t - C_t = ₩2,800,000 + ₩108,347.137 - ₩226,287.2701$$
$$= ₩2,682,059.867$$

및

$$Ke^{-r\tau} = ₩2,700,000 \times e^{-0.04 \times \frac{2}{12}}$$
$$= ₩2,682,059.867.$$

$$\therefore \ S_t + P_t - C_t = Ke^{-r\tau}$$

단, $\tau = T - t$.         □

예시 6과 유사한 문제로 조승모(2014)의 제4장 6절 연습문제 중 문제 65, 문제 68, 문제 71이 있으니 비슷한 문제를 더 풀어보고 싶은 학생들은 참고하기 바란다.

**주　　의 18.** 풋-콜 패러티를 이용하면 콜옵션 가격을 알고 있는 경우 콜옵션의 가격으로부터 풋옵션의 가격을 구하거나 반대로 풋옵션 가격을 알고 있는 경우 풋옵션의 가격으로부터 콜옵션의 가격을 구하는 일이 쉬워진다. 실제로 블랙-숄즈 모형을 통해서도 이를 확인할 수 있다. 즉, 콜옵션 가격을

$$C_t = S_t \Phi(d_1) - Ke^{-r\tau} \Phi(d_2)$$

와 같이 알고 있는 경우에 풋-콜 패러티를 이용하면

$$P_t = C_t - S_t + Ke^{-r\tau}$$
$$= S_t \Phi(d_1) - Ke^{-r\tau} \Phi(d_2) - S_t + Ke^{-r\tau}$$
$$= -S_t [1 - \Phi(d_1)] + Ke^{-r\tau} [1 - \Phi(d_2)]$$
$$= Ke^{-r\tau} \Phi(-d_2) - S_t \Phi(-d_1)$$

와 같이 풋옵션 가격을 구할 수 있다. 반대로, 풋옵션 가격을

$$P_t = Ke^{-r\tau} \Phi(-d_2) - S_t \Phi(-d_1)$$

와 같이 알고 있는 경우에 풋-콜 패러티를 이용하면

$$C_t = P_t + S_t - Ke^{-r\tau}$$
$$= Ke^{-r\tau} \Phi(-d_2) - S_t \Phi(-d_1) + S_t - Ke^{-r\tau}$$
$$= -Ke^{-r\tau} [1 - \Phi(-d_2)] + S_t [1 - \Phi(-d_1)]$$
$$= S_t \Phi(d_1) - Ke^{-r\tau} \Phi(d_2)$$

와 같이 콜옵션 가격을 구할 수 있다.

다음의 예시 7을 통해 위의 주의 18에서 제시된 바와 같이 풋-콜 패러티를 이용해서 옵션 가격을 구하는 연습을 해보자. 예시 7은 앞 절의 예시 5를 변형한 것이다.

---

**예    시 7.** 기초자산의 가격이 ₩2,800,000, 기초자산 일별수익률의 분산이 연간 $(36\%)^2$, 행사가격이 ₩2,700,000이고, 만기가 2개월 후인 콜옵션과 풋옵션에 대하여, 연간 이자율이 4%일 때, 다음 물음에 답해보시오.

**(1)** 무차익거래 상태에서 블랙-숄즈 모형을 이용하여 이 콜옵션의 가격을 구하시오.

**(2)** (1)의 결과와 풋-콜 패러티를 이용하여 무차익거래 상태에서 이 풋옵션의 가격을 구하시오.

**(3)** 무차익거래 상태에서 블랙-숄즈 모형을 이용하여 이 풋옵션의 가격을 구하시오.

**(4)** (3)의 결과와 풋-콜 패러티를 이용하여 무차익거래 상태에서 이 콜옵션의 가격을 구하시오.

단, 소수 다섯째 자리에서 반올림해서 소수 넷째 자리까지만 나타낼 것.

---

풀    이. $S_t = ₩2,800,000,\ \sigma = 36\%,\ K = ₩2,700,000,\ \tau = $

$2/12$, $r = 4\%$이므로,

$$
\begin{aligned}
d_1 &= \frac{\ln \dfrac{S_t}{K} + \left(r + \dfrac{1}{2}\sigma^2\right)\tau}{\sigma\sqrt{\tau}} \\[2em]
&= \frac{\ln \dfrac{\text{₩}2,800,000}{\text{₩}2,700,000} + \left(0.04 + \dfrac{1}{2} \times 0.36^2\right) \times \dfrac{2}{12}}{0.36 \times \sqrt{\dfrac{2}{12}}} \\[2em]
&= 0.3663
\end{aligned}
$$

및

$$
\begin{aligned}
d_2 &= d_1 - \sigma\sqrt{\tau} \\[1em]
&= 0.3663 - 0.36 \times \sqrt{\frac{2}{12}} \\[1em]
&= 0.2193.
\end{aligned}
$$

따라서, 다음과 같다.

$$
\begin{aligned}
\Phi(d_1) &= \Phi(0.3663) \\[0.5em]
&= \Phi(0.36) + \frac{\Phi(0.37) - \Phi(0.36)}{0.37 - 0.36} \times (0.3663 - 0.36) \\[0.5em]
&= 0.6406 + \frac{0.6443 - 0.6406}{0.01} \times 0.0063 \\[0.5em]
&= 0.6429
\end{aligned}
$$

및

$$\Phi(d_2) = \Phi(0.2193)$$

$$= \Phi(0.21) + \frac{\Phi(0.22) - \Phi(0.21)}{0.22 - 0.21} \times (0.2193 - 0.21)$$

$$= 0.5832 + \frac{0.5871 - 0.5832}{0.01} \times 0.0093$$

$$= 0.5868.$$

**(1)** 무차익거래 상태에서 블랙-숄즈 모형을 이용하면 콜옵션의 가격은 다음과 같이 구할 수 있다.

$$C_t = S_t \Phi(d_1) - Ke^{-r\tau}\Phi(d_2)$$

$$= ₩2,800,000 \times 0.6429 - ₩2,700,000 \times e^{-0.04 \times \frac{2}{12}} \times 0.5868$$

$$= ₩226,287.2701.$$

**(2)** **(1)**의 결과와 풋-콜 패러티를 이용하면 무차익거래 상태에서 풋옵션의 가격은 다음과 같이 구할 수 있다.

$$P_t = C_t - S_t + Ke^{-r\tau}$$

$$= ₩226,287.2701 - ₩2,800,000 + ₩2,700,000 \times e^{-0.04 \times \frac{2}{12}}$$

$$= ₩108,347.137.$$

**(3)** 무차익거래 상태에서 블랙-숄즈 모형을 이용하면 풋옵

션의 가격은 다음과 같이 구할 수 있다.

$$
\begin{aligned}
P_t &= Ke^{-r\tau}\Phi(-d_2) - S_t\Phi(-d_1) \\
&= Ke^{-r\tau}\left[1 - \Phi(d_2)\right] - S_t\left[1 - \Phi(d_1)\right] \\
&= ₩2,700,000 \times e^{-0.04\times\frac{2}{12}} \times (1 - 0.5868) \\
&\quad - ₩2,800,000 \times (1 - 0.6429) \\
&= ₩108,347.137.
\end{aligned}
$$

**(4)** **(3)**의 결과와 풋-콜 패러티를 이용하면 무차익거래 상태에서 콜옵션의 가격은 다음과 같이 구할 수 있다.

$$
\begin{aligned}
C_t &= P_t + S_t - Ke^{-r\tau} \\
&= ₩108,347.137 + ₩2,800,000 - ₩2,700,000 \times e^{-0.04\times\frac{2}{12}} \\
&= ₩226,287.2701.
\end{aligned}
$$

$\square$

옵션과 관련해서는 무차익거래 상태에서 성립해야 하는 관계식이 풋-콜 패러티 뿐만 아니라 몇 가지가 더 있다. 바로 정리 11과 정리 12에서 다루는 **옵션 가격의 범위(option price boundaries)**가 그것들이다. 풋-콜 패러티의 경우와 마찬가지로, 이 관계식들이 어긋나면 차익거래를 구성할 수 있는데, 이러한 차익거래를 구성하는 과정이 정리 11과 정리 12의 증명에 고스란히 나타나 있다. 그런 의미에서 옵션 가격의 범위 그 자체보다는 그 증명이 더 중요한 의미를 갖는다고 할 수 있다. 정리 11과 정리 12에서 논의되고 있는 옵션 가격의 범위에 대한 내용과 그 증명은 이미 널리 알려진 일반적인 것들이지만,

그 증명과정의 구체적인 형식은 조승모(2016)을 따르고 있다. 따라서, 정리 11과 정리 12의 증명은 옵션 가격의 범위에 대한 조승모(2016)의 증명과 완전히 동일하다.

우선, 콜옵션 가격이 어떤 범위 안에 있어야 하는지, 그리고 왜 그러한 범위 안에 있어야만 하는지에 대해 알아보도록 하자. 앞서 언급한 바와 마찬가지로, 정리 11의 증명과정은 콜옵션 가격이 적정한 범위를 벗어날 경우 짤 수 있는 차익거래의 과정을 보여주고 있기 때문에, 이러한 증명과정에서 문자로 표기된 변수들을 구체적인 숫자로 바꿔주고 상황만 구체적으로 설정해주면 실질적인 차익거래의 사례가 될 것이다.

**정  리 11** (콜옵션 가격의 범위(call option price boundaries)). $t$시점에서의 가격이 $S_t$인 자산을 기초자산으로 하고, 만기가 $T > t$시점, 행사가격이 $K$, $t$시점에서의 옵션 가격이 $C_t$인 콜옵션에 대하여, 연간이자율이 $r$일 때 무차익거래 상태에서 다음과 같은 관계식이 성립한다.

$$\max\{0, S_t - Ke^{-r\tau}\} \le C_t \le S_t$$

단, $\tau = T - t$.

**증  명. Step 1.** $\tau = T - t$에 대하여, 만약 $C_t < 0$이라면, $t$시점 현재 콜옵션이 저평가되어 있다고 할 수 있으므로, 저평가된 콜옵션을 매수하되, 남는 자금은 예금하여 다음과 같은 차익거래를 짤 수 있다. 여기서, $-C_t > 0$임을 염두에 두어야 한다.

| $t$ 시점 | 현금흐름 |
|---|---|
| 콜옵션 매수. | $-C_t$ |
| 거래대금 예금. | $C_t$ |
| **$T$ 시점** | |
| 예금 인출. | $-C_t e^{r\tau}$ |
| 콜옵션 페이오프. | $\max\{0, S_T - K\}$ |
| **차익** | $-C_t e^{r\tau} + \max\{0, S_T - K\} > 0$ |

이러한 거래를 통해 $t$ 시점에서는 순현금흐름이 0이 되고 $T$ 시점에서는 순현금흐름이 확실하게 $-C_t e^{r\tau} + \max\{0, S_T - K\} > 0$이 되며 이러한 거래에 투자자의 자금이나 자산이 투자된 바 없기 때문에 이는 추가적인 위험, 자금, 자산을 부담하지 않고 확실한 양의 수익을 실현한 거래, 즉 차익거래라 할 수 있다. 당연히 이 거래로부터 발생한 최종수익 $-C_t e^{r\tau} + \max\{0, S_T - K\} > 0$는 차익이라 하겠다.

이러한 차익이 존재하는 한 투자자들은 이러한 거래를 계속하게 될 것이고, 이에 따라 콜옵션은 계속 매수될 것이기 때문에 콜옵션에 대한 수요가 늘게 되어 콜옵션의 가격 $C_t$는 오르게 될 것이다. 이러한 차익거래는 차익이 $-C_t e^{r\tau} + \max\{0, S_T - K\} > 0$인 한 계속되어, $C_t$가 올라 차익이 없어질 때까지, 즉 $-C_t e^{r\tau} + \max\{0, S_T - K\} = 0$이 될 때까지 계속될 것이다. 따라서, 결국 무차익거래 상태에서 다음 식이 성립하게 된다.

$$C_t = e^{-r\tau} \max\{0, S_T - K\}.$$

이때,

$$e^{-r\tau} \max\{0, S_T - K\} \geq 0$$

이므로,

$$C_t = e^{-r\tau} \max\{0, S_T - K\} \geq 0$$

즉,

$$C_t \geq 0.$$

**Step 2.** $\tau = T - t$에 대하여, 만약 $C_t < S_t - Ke^{-r\tau}$이라면, $t$ 시점 현재 콜옵션은 저평가되어 있고, 기초자산은 고평가되어 있다고 할 수 있으므로, 고평가된 기초자산은 매도하고, 저평가된 콜옵션은 매수하되, 필요한 자산은 빌려서 충당하고 남는 자금은 예금하여 다음과 같은 차익거래를 짤 수 있다. 여기서, $S_t - C_t > Ke^{-r\tau} \geq 0$임을 염두에 두어야 한다.

| $t$ 시점 | 현금흐름 |
|---|---|
| 기초자산 공매도. | $S_t$ |
| 콜옵션 매수. | $-C_t$ |
| 거래대금 예금. | $-(S_t - C_t)$ |
| $T$ 시점 | |
| 예금 인출. | $(S_t - C_t)e^{r\tau}$ |
| 기초자산 재매수후 상환. | $-S_T$ |
| 콜옵션 페이오프. | $\max\{0, S_T - K\}$ |
| **차익** | $(S_t - C_t)e^{r\tau} - \min\{S_T, K\} > 0$ |

이때 $S_t - C_t > Ke^{-r\tau}$ 여서

$$(S_t - C_t)\,e^{r\tau} - K > 0$$

이므로 차익은 다음과 같다.

$(S_t - C_t)\,e^{r\tau} - S_T + \max\{0, S_T - K\}$

$= (S_t - C_t)\,e^{r\tau} + \max\{-S_T, -K\}$

$= (S_t - C_t)\,e^{r\tau} - \min\{S_T, K\}$

$= \begin{cases} (S_t - C_t)\,e^{r\tau} - S_T \geq (S_t - C_t)\,e^{r\tau} - K > 0, & \text{if } S_T \leq K; \\ (S_t - C_t)\,e^{r\tau} - K > 0, & \text{if } S_T > K. \end{cases}$

이러한 거래를 통해 $t$시점에서는 순현금흐름이 0이 되고 $T$ 시점에서는 순현금흐름이 확실하게 $(S_t - C_t)\,e^{r\tau} - \min\{S_T, K\} > 0$이 되며 이러한 거래에 투자자의 자금이나 자산이 투자된 바 없기 때문에 이는 추가적인 위험, 자금, 자산을 부담하지 않고 확실한 양의 수익을 실현한 거래, 즉 차익거래라 할 수 있다. 당연히 이 거래로부터 발생한 최종수익 $(S_t - C_t)\,e^{r\tau} - \min\{S_T, K\} > 0$는 차익이라 하겠다.

이러한 차익이 존재하는 한 투자자들은 이러한 거래를 계속하게 될 것이고, 이에 따라 기초자산이 계속 매도되어 기초자산의 공급이 늘게 되면 기초자산의 가격인 $S_t$는 내릴 것이다. 또한, 이러한 거래과정에서 콜옵션은 계속 매수될 것이기 때문에 콜옵션에 대한 수요가 늘게 되어 콜옵션의 가격 $C_t$는 오르게 될 것이다. 이러한 차익거래는 차익이 $(S_t - C_t)\,e^{r\tau} - \min\{S_T, K\} > 0$인 한 계속되어, $S_t$가 내리고 $C_t$가 올라 차익이 없어질 때까지, 즉 $(S_t - C_t)\,e^{r\tau} - \min\{S_T, K\} = 0$이 될 때까지

계속될 것이다. 따라서, 결국 무차익거래 상태에서 다음 식이
성립하게 된다.

$$S_t - C_t = e^{-r\tau} \min\{S_T, K\}.$$

이때,

$$e^{-r\tau} \min\{S_T, K\} = \begin{cases} S_T e^{-r\tau} \leq K e^{-r\tau}, & \text{if } S_T \leq K; \\ K e^{-r\tau}, & \text{if } S_T > K \end{cases}$$

이므로,

$$S_t - C_t = e^{-r\tau} \min\{S_T, K\} \leq K e^{-r\tau}$$

즉,

$$S_t - C_t \leq K e^{-r\tau}.$$

$$\therefore \ C_t \geq S_t - K e^{-r\tau}.$$

이 식을 **Step 1**의 결과식과 같이 나타내면 다음과 같다.

$$\max\{0, S_t - K e^{-r\tau}\} \leq C_t.$$

**Step 3.** $\tau = T - t$에 대하여, 만약 $C_t > S_t$라면, $t$시점 현
재 콜옵션은 고평가되어 있고, 기초자산은 저평가되어 있다고
할 수 있으므로, 고평가된 콜옵션은 발행후 매도하고, 저평가
된 기초자산은 매수하되, 남는 자금은 예금하여 다음과 같은
차익거래를 짤 수 있다. 여기서, $C_t - S_t > 0$임을 염두에 두어야
한다.

| $t$시점 | 현금흐름 |
|---|---|
| 콜옵션 발행후 매도. | $C_t$ |
| 기초자산 매수. | $-S_t$ |
| 거래대금 예금. | $-(C_t - S_t)$ |
| $T$시점 | |
| 예금 인출. | $(C_t - S_t)\,e^{r\tau}$ |
| 기초자산 매도. | $S_T$ |
| 콜옵션 페이오프. | $-\max\{0, S_T - K\}$ |
| **차익** | $(C_t - S_t)\,e^{r\tau} + \min\{S_T, K\} > 0$ |

이때 $C_t - S_t > 0$이므로 차익은 다음과 같다.

$$(C_t - S_t)\,e^{r\tau} + S_T - \max\{0, S_T - K\}$$
$$= (C_t - S_t)\,e^{r\tau} + S_T + \min\{0, K - S_T\}$$
$$= (C_t - S_t)\,e^{r\tau} + \min\{S_T, K\} > 0.$$

단, $S_T \geq 0$ 및 $K \geq 0$이므로, $\min\{S_T, K\} \geq 0$이다.

이러한 거래를 통해 $t$시점에서는 순현금흐름이 0이 되고 $T$ 시점에서는 순현금흐름이 확실하게 $(C_t - S_t)\,e^{r\tau} + \min\{S_T, K\} > 0$이 되며 이러한 거래에 투자자의 자금이나 자산이 투자된 바 없기 때문에 이는 추가적인 위험, 자금, 자산을 부담하지 않고 확실한 양의 수익을 실현한 거래, 즉 차익거래라 할 수 있다. 당연히 이 거래로부터 발생한 최종수익 $(C_t - S_t)\,e^{r\tau} + \min\{S_T, K\} > 0$는 차익이라 하겠다.

이러한 차익이 존재하는 한 투자자들은 이러한 거래를 계속하게 될 것이고, 이에 따라 콜옵션이 계속 매도되어 콜옵션의 공급이 늘게 되면 콜옵션의 가격인 $C_t$는 내릴 것이다. 또한, 이러한 거래과정에서 기초자산은 계속 매수될 것이기 때문에 기초자산에 대한 수요가 늘게 되어 기초자산의 가격 $S_t$는 오르게 될 것이다. 이러한 차익거래는 차익이 $(C_t - S_t)e^{r\tau} + \min\{S_T, K\} > 0$인 한 계속되어, $C_t$가 내리고 $S_t$가 올라 차익이 없어질 때까지, 즉 $(C_t - S_t)e^{r\tau} + \min\{S_T, K\} = 0$이 될 때까지 계속될 것이다. 따라서, 결국 무차익거래 상태에서 다음 식이 성립하게 된다.

$$C_t = S_t - e^{-r\tau}\min\{S_T, K\}.$$

이때,

$$e^{-r\tau}\min\{S_T, K\} \geq 0$$

이므로,

$$C_t = S_t - e^{-r\tau}\min\{S_T, K\} \leq S_t$$

즉,

$$C_t \leq S_t.$$

이 식을 **Step 1** 및 **Step 2**의 결과식들과 같이 나타내면 다음과 같다.

$$\max\{0, S_t - Ke^{-r\tau}\} \leq C_t \leq S_t$$

단, $\tau = T - t$. 이를 그림으로 나타낸 것이 그림 3.6이다.  □

위 정리 11의 증명과정에서 구성해본 차익거래들에 대한 구체적인 수치예시는 이 장 7절의 연습문제 중 문제 12, 문제 13,

문제 14, 문제 15에 잘 제시되어 있다. 정리 11의 증명과정을 그대로 따라하기만 하면 쉽게 풀 수 있는 문제들인 만큼 해답을 제공하지 않는다고 불평하지는 말기 바란다.

추가적으로, 정리 11의 결과에 극한을 취하면 다음과 같은 결과를 얻을 수 있다. 아래의 따름정리 2의 내용과 그 증명은 널리 알려진 일반적인 것들이다.

---

**따름정리 2.** $t$시점에서의 가격이 $S_t$인 자산을 기초자산으로 하고, 만기가 $T > t$시점, 행사가격이 $K$, $t$시점에서의 옵션 가격이 $C_t$인 콜옵션에 대하여, 연간이자율이 $r$일 때 무차익거래 상태에서 다음이 성립한다.

$$\lim_{S_t \to 0+} C_t = 0.$$

---

**증 명.** 정리 11에 의하면 $\tau = T - t$에 대하여 무차익거래 상태에서

$$\max\{0, S_t - Ke^{-r\tau}\} \le C_t \le S_t$$

이므로, 무차익거래 상태에서 다음이 성립한다.

$$\lim_{S_t \to 0+} \max\{0, S_t - Ke^{-r\tau}\} \le \lim_{S_t \to 0+} C_t \le \lim_{S_t \to 0+} S_t.$$

$$\max\{0, -Ke^{-r\tau}\} \le \lim_{S_t \to 0+} C_t \le 0.$$

$$0 \le \lim_{S_t \to 0+} C_t \le 0.$$

$$\therefore \lim_{S_t \to 0+} C_t = 0.$$

그림 3.6은 이러한 결과까지 반영하여 정리 11의 결과를 나타
낸 그림이다. □

이제 풋옵션 가격의 범위에 대해 알아보도록 하자. 정리 11
의 경우와 마찬가지로, 정리 12의 증명과정도 풋옵션 가격이
적정한 범위를 벗어날 경우 짤 수 있는 차익거래의 과정을 잘
보여주고 있다. 정리 12의 증명과정에서 구성해본 차익거래들
에 대한 구체적인 수치예시는 이 장 7절의 연습문제 중 문제
12, 문제 13, 문제 14, 문제 15에 잘 제시되어 있다. 이들은 모
두 정리 12의 증명과정을 그대로 따라하기만 하면 쉽게 풀 수
있는 문제들이다.

**정   리 12** (풋옵션 가격의 범위(put option price bound-
aries)). $t$시점에서의 가격이 $S_t$인 자산을 기초자산으로 하
고, 만기가 $T > t$시점, 행사가격이 $K$, $t$시점에서의 옵션 가
격이 $P_t$인 풋옵션에 대하여, 연간이자율이 $r$일 때 무차익
거래 상태에서 다음과 같은 관계식이 성립한다.

$$\max\{0, Ke^{-r\tau} - S_t\} \leq P_t \leq Ke^{-r\tau}$$

단, $\tau = T - t$.

**증   명. Step 1.** $\tau = T - t$에 대하여, 만약 $P_t < 0$이라면, $t$
시점 현재 풋옵션이 저평가되어 있다고 할 수 있으므로, 저평
가된 풋옵션을 매수하되, 남는 자금은 예금하여 다음과 같은

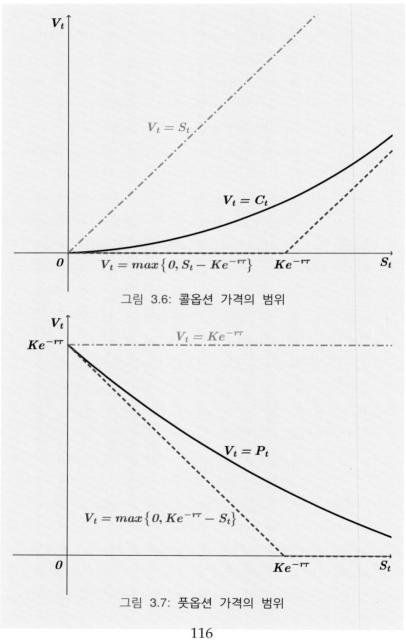

그림 3.6: 콜옵션 가격의 범위

그림 3.7: 풋옵션 가격의 범위

차익거래를 짤 수 있다. 여기서, $-P_t > 0$임을 염두에 두어야 한다.

| $t$시점 | 현금흐름 |
|---|---|
| 풋옵션 매수. | $-P_t$ |
| 거래대금 예금. | $P_t$ |
| $T$시점 | |
| 예금 인출. | $-P_t e^{r\tau}$ |
| 풋옵션 페이오프. | $\max\{0, K - S_T\}$ |
| **차익** | $-P_t e^{r\tau} + \max\{0, K - S_T\} > 0$ |

이러한 거래를 통해 $t$시점에서는 순현금흐름이 0이 되고 $T$ 시점에서는 순현금흐름이 확실하게 $-P_t e^{r\tau} + \max\{0, K - S_T\} > 0$ 이 되며 이러한 거래에 투자자의 자금이나 자산이 투자된 바 없기 때문에 이는 추가적인 위험, 자금, 자산을 부담하지 않고 확실한 양의 수익을 실현한 거래, 즉 차익거래라 할 수 있다. 당연히 이 거래로부터 발생한 최종수익 $-P_t e^{r\tau} + \max\{0, K - S_T\} > 0$는 차익이라 하겠다.

이러한 차익이 존재하는 한 투자자들은 이러한 거래를 계속 하게 될 것이고, 이에 따라 풋옵션은 계속 매수될 것이기 때문 에 풋옵션에 대한 수요가 늘게 되어 풋옵션의 가격 $P_t$는 오르 게 될 것이다. 이러한 차익거래는 차익이 $-P_t e^{r\tau} + \max\{0, K - S_T\} > 0$인 한 계속되어, $P_t$가 올라 차익이 없어질 때까지, 즉 $-P_t e^{r\tau} + \max\{0, K - S_T\} = 0$이 될 때까지 계속될 것이다. 따라서, 결국

117

무차익거래 상태에서 다음 식이 성립하게 된다.

$$P_t = e^{-r\tau} \max\{0, K - S_T\}.$$

이때,

$$e^{-r\tau} \max\{0, K - S_T\} \geq 0$$

이므로,

$$P_t = e^{-r\tau} \max\{0, K - S_T\} \geq 0$$

즉,

$$P_t \geq 0.$$

**Step 2.** $\tau = T - t$에 대하여, 만약 $P_t < Ke^{-r\tau} - S_t$이라면, $t$시점 현재 풋옵션과 기초자산이 모두 저평가되어 있다고 할 수 있으므로, 저평가된 풋옵션과 기초자산은 매수하되, 필요한 자금은 대출로 충당하여 다음과 같은 차익거래를 짤 수 있다. 여기서, $P_t + S_t \geq 0$임을 염두에 두어야 한다.

| $t$시점 | 현금흐름 |
|---|---|
| 거래대금 대출. | $P_t + S_t$ |
| 풋옵션 매수. | $-P_t$ |
| 기초자산 매수. | $-S_t$ |
| $T$시점 | |
| 기초자산 매도. | $S_T$ |
| 풋옵션 페이오프. | $\max\{0, K - S_T\}$ |
| 대출 상환. | $-(P_t + S_t)e^{r\tau}$ |
| 차익 | $-(P_t + S_t)e^{r\tau} + \max\{S_T, K\} > 0$ |

이때 $P_t + S_t < Ke^{-r\tau}$ 여서

$$- (P_t + S_t)\, e^{r\tau} + K > 0$$

이므로 차익은 다음과 같다.

$$S_T + \max\{0, K - S_T\} - (P_t + S_t)\, e^{r\tau}$$

$$= -(P_t + S_t)\, e^{r\tau} + \max\{S_T, K\}$$

$$= \begin{cases} -(P_t + S_t)\, e^{r\tau} + K > 0, & \text{if } S_T \leq K; \\ -(P_t + S_t)\, e^{r\tau} + S_T > -(P_t + S_t)\, e^{r\tau} + K > 0, & \text{if } S_T > K. \end{cases}$$

이러한 거래를 통해 $t$시점에서는 순현금흐름이 0이 되고 $T$ 시점에서는 순현금흐름이 확실하게 $-(P_t + S_t)\, e^{r\tau} + \max\{S_T, K\} > 0$이 되며 이러한 거래에 투자자의 자금이나 자산이 투자된 바 없기 때문에 이는 추가적인 위험, 자금, 자산을 부담하지 않고 확실한 양의 수익을 실현한 거래, 즉 차익거래라 할 수 있다. 당연히 이 거래로부터 발생한 최종수익 $-(P_t + S_t)\, e^{r\tau} + \max\{S_T, K\} > 0$는 차익이라 하겠다.

이러한 차익이 존재하는 한 투자자들은 이러한 거래를 계속하게 될 것이고, 이에 따라 풋옵션과 기초자산이 계속 매수되어 풋옵션과 기초자산의 수요가 늘게 되면 풋옵션과 기초자산의 가격인 $P_t$와 $S_t$는 오를 것이다. 이러한 차익거래는 차익이 $-(P_t + S_t)\, e^{r\tau} + \max\{S_T, K\} > 0$인 한 계속되어, $P_t$와 $S_t$가 올라 차익이 없어질 때까지, 즉 $-(P_t + S_t)\, e^{r\tau} + \max\{S_T, K\} = 0$이 될 때까지 계속될 것이다. 따라서, 결국 무차익거래 상태에서 다음 식이 성립하게 된다.

$$P_t + S_t = e^{-r\tau} \max\{S_T, K\}.$$

이때,

$$e^{-r\tau} \max\{S_T, K\} = \begin{cases} Ke^{-r\tau}, & \text{if } S_T \le K; \\ S_T e^{-r\tau} \ge Ke^{-r\tau}, & \text{if } S_T > K \end{cases}$$

이므로,

$$P_t + S_t = e^{-r\tau} \max\{S_T, K\} \ge Ke^{-r\tau}$$

즉,

$$P_t + S_t \ge Ke^{-r\tau}.$$

$$\therefore \ P_t \ge Ke^{-r\tau} - S_t.$$

이 식을 **Step 1**의 결과식과 같이 나타내면 다음과 같다.

$$\max\{0, Ke^{-r\tau} - S_t\} \le P_t.$$

**Step 3.** $\tau = T - t$에 대하여, 만약 $P_t > Ke^{-r\tau}$라면, $t$시점 현재 풋옵션이 고평가되어 있다고 할 수 있으므로, 고평가된 풋옵션은 발행후 매도하되, 남는 자금은 예금하여 다음과 같은 차익거래를 짤 수 있다. 여기서, $P_t > Ke^{-r\tau} \ge 0$임을 염두에 두어야 한다.

| $t$시점 | 현금흐름 |
|---|---|
| 풋옵션 발행후 매도. | $P_t$ |
| 거래대금 예금. | $-P_t$ |
| $T$시점 | |
| 예금 인출. | $P_t e^{r\tau}$ |
| 풋옵션 페이오프. | $-\max\{0, K - S_T\}$ |
| 차익 | $P_t e^{r\tau} - \max\{0, K - S_T\} > 0$ |

120

이때 $P_t > Ke^{-r\tau} \geq 0$여서

$$P_t e^{r\tau} - K > 0 \ \text{및} \ P_t > 0$$

이므로 차익은 다음과 같다.

$$P_t e^{r\tau} - \max\{0, K - S_T\} = \begin{cases} P_t e^{r\tau} - K + S_T > 0, & \text{if } S_T \leq K; \\ P_t e^{r\tau} > 0, & \text{if } S_T > K. \end{cases}$$

단, $S_T \geq 0$이다.

이러한 거래를 통해 $t$시점에서는 순현금흐름이 0이 되고 $T$ 시점에서는 순현금흐름이 확실하게 $P_t e^{r\tau} - \max\{0, K - S_T\} > 0$ 이 되며 이러한 거래에 투자자의 자금이나 자산이 투자된 바 없기 때문에 이는 추가적인 위험, 자금, 자산을 부담하지 않고 확실한 양의 수익을 실현한 거래, 즉 차익거래라 할 수 있다. 당연히 이 거래로부터 발생한 최종수익 $P_t e^{r\tau} - \max\{0, K - S_T\} > 0$는 차익이라 하겠다.

이러한 차익이 존재하는 한 투자자들은 이러한 거래를 계속 하게 될 것이고, 이에 따라 풋옵션이 계속 매도되어 풋옵션의 공급이 늘게 되면 풋옵션의 가격인 $P_t$는 내릴 것이다. 이러한 차익거래는 차익이 $P_t e^{r\tau} - \max\{0, K - S_T\} > 0$인 한 계속되어, $P_t$가 내려 차익이 없어질 때까지, 즉 $P_t e^{r\tau} - \max\{0, K - S_T\} = 0$ 이 될 때까지 계속될 것이다. 따라서, 결국 무차익거래 상태에 서 다음 식이 성립하게 된다.

$$P_t = e^{-r\tau} \max\{0, K - S_T\}.$$

이때,

$$e^{-r\tau} \max\{0, K - S_T\} = \begin{cases} Ke^{-r\tau} - S_T e^{-r\tau} \leq Ke^{-r\tau}, & \text{if } S_T \leq K; \\ 0 \leq Ke^{-r\tau}, & \text{if } S_T > K \end{cases}$$

121

이므로,

$$P_t = e^{-r\tau} \max\{0, K - S_T\} \le Ke^{-r\tau}$$

즉,

$$P_t \le Ke^{-r\tau}.$$

이 식을 **Step 1** 및 **Step 2**의 결과식들과 같이 나타내면 다음과 같다.

$$\max\{0, Ke^{-r\tau} - S_t\} \le P_t \le Ke^{-r\tau}$$

단, $\tau = T - t$. 이를 그림으로 나타낸 것이 그림 3.7이다.  □

정리 12의 결과에 극한을 취하면 다음과 같은 결과를 얻을 수 있다. 아래의 따름정리 3의 내용과 그 증명은 널리 알려진 일반적인 것들이다.

**따름정리 3.** $t$시점에서의 가격이 $S_t$인 자산을 기초자산으로 하고, 만기가 $T > t$시점, 행사가격이 $K$, $t$시점에서의 옵션 가격이 $P_t$인 풋옵션에 대하여, 연간이자율이 $r$일 때 무차익거래 상태에서 다음이 성립한다.

$$\lim_{S_t \to 0+} P_t = Ke^{-r\tau}$$

단, $\tau = T - t$.

**증  명.** 정리 12에 의하면 $\tau = T - t$에 대하여 무차익거래 상태에서

$$\max\{0, Ke^{-r\tau} - S_t\} \le P_t \le Ke^{-r\tau}$$

이므로, 무차익거래 상태에서 다음이 성립한다.

$$\lim_{S_t \to 0+} \max\{0, Ke^{-r\tau} - S_t\} \leq \lim_{S_t \to 0+} P_t \leq \lim_{S_t \to 0+} Ke^{-r\tau}.$$

$$\max\{0, Ke^{-r\tau}\} \leq \lim_{S_t \to 0+} P_t \leq Ke^{-r\tau}.$$

$$Ke^{-r\tau} \leq \lim_{S_t \to 0+} P_t \leq Ke^{-r\tau}.$$

$$\therefore \lim_{S_t \to 0+} P_t = Ke^{-r\tau}$$

단, $\tau = T - t$. 그림 3.7은 이러한 결과까지 반영하여 정리 12 의 결과를 나타낸 그림이다.                              □

# 4  옵션을 이용한 투기와 헷징

이제 옵션을 이용한 투기거래와 헷징 거래에 대해 알아보 자. 이 절은 조승모(2014)의 제4장 2절의 헷징 거래와 투기거 래에 관한 내용과 구체적인 서술만 다를 뿐 내용상 동일하다.

다만, 조승모(2014)는 **커버드 콜(covered call)**에 대해 잘못 설명하고 있는데, 이 절에서는 이를 바로 잡아 새로 서술하였 다. 구체적으로, 조승모(2014)의 제4장 2절은 이 절의 정리 13 과 그림 3.8에 등장하는 콜옵션을 이용한 헷징을 이 절의 정의 20과 그림 3.10에 등장하는 커버드 콜로 잘못 지칭하여 설명 하고 있고, 이 절에서는 이를 바로 잡아 설명하고 있다.

또한, 이 절의 정리 15와 그림 3.14 및 그림 3.15에 등장 하는 **옵션을 이용한 합성선물(synthetic futures by options)** 의 경우, 조승모(2014)에는 그 명칭과 구체적인 수익구조 및 수익구조에 대한 증명뿐만 아니라 이 절의 그림 3.14 및 그림

3.15와 같은 구체적인 그림도 등장하지 않으나 이 책에는 이런 사항들이 모두 등장한다는 점에서 이 책과 조승모(2014) 간에 차이가 있다. 다만, 합성선물의 개념과 이 절의 주의 21을 비롯하여 정리 15 전후에 나오는 합성선물에 관한 논의는 조승모 (2014)의 제4장 2절에서도 간략하게나마 다뤄지고 있다.

이제 본격적으로 옵션을 이용한 투기와 헷징에 대해 알아 보기로 하자.

---

**정      리 13** (옵션을 이용한 투기와 헷징). 투자자가 옵션에 투자를 함에 있어,

(*a*) **투기거래:** 기초자산에는 포지션을 취하지 않고 옵션에 만 포지션을 취함으로써 투기거래를 할 수 있다.

(*b*) **헷징 거래:** 기초자산에 롱 포지션을 취한 경우 동시에 풋옵션에 롱 포지션을, 기초자산에 숏 포지션을 취한 경우 동시에 콜옵션에 롱 포지션을 취함으로써 헷징 거래를 할 수 있다.

---

**증      명.** $t$시점에서의 가격이 $S_t$인 자산을 기초자산으로 하고, 행사가격이 $K$, 만기가 $T > t$시점이며, $t$시점에서의 가격이 각각 $C_t$와 $P_t$인 콜옵션과 풋옵션을 상정하자.

($a$) $t$시점에 콜옵션 가격만큼의 금액을 대출받고 콜옵션에 롱 포지션을 취한 후 $T$시점에 대출을 상환하는 경우, $t$시점부

터 $T$시점까지의 단순수익률은 다음과 같다.

$$\lim_{x \to 0+} \frac{\max\{0, S_T - K\} - C_t e^{r\tau}}{x} = \lim_{x \to 0+} \frac{\max\{-C_t e^{r\tau}, S_T - K - C_t e^{r\tau}\}}{x}$$

$$= \begin{cases} +\infty, & \text{if } S_T > K + C_t e^{r\tau}; \\ 0, & \text{if } S_T = K + C_t e^{r\tau}; \\ -\infty, & \text{if } S_T < K + C_t e^{r\tau}. \end{cases}$$

$t$시점에 콜옵션을 발행해서 숏 포지션을 취하고 대금을 예금한 후 $T$시점에 예금을 인출하는 경우, $t$시점부터 $T$시점까지의 단순수익률은 다음과 같다.

$$\lim_{x \to 0+} \frac{-\max\{0, S_T - K\} + C_t e^{r\tau}}{x} = \lim_{x \to 0+} \frac{\min\{0, -S_T + K\} + C_t e^{r\tau}}{x}$$

$$= \lim_{x \to 0+} \frac{\min\{C_t e^{r\tau}, -S_T + K + C_t e^{r\tau}\}}{x}$$

$$= \begin{cases} -\infty, & \text{if } S_T > K + C_t e^{r\tau}; \\ 0, & \text{if } S_T = K + C_t e^{r\tau}; \\ +\infty, & \text{if } S_T < K + C_t e^{r\tau}. \end{cases}$$

$t$시점에 풋옵션 가격만큼의 금액을 대출받고 풋옵션에 롱 포지션을 취한 후 $T$시점에 대출을 상환하는 경우, $t$시점부터 $T$시점까지의 단순수익률은 다음과 같다.

$$\lim_{x \to 0+} \frac{\max\{0, K - S_T\} - P_t e^{r\tau}}{x} = \lim_{x \to 0+} \frac{\max\{-P_t e^{r\tau}, K - S_T - P_t e^{r\tau}\}}{x}$$

$$= \begin{cases} -\infty, & \text{if } S_T > K - P_t e^{r\tau}; \\ 0, & \text{if } S_T = K - P_t e^{r\tau}; \\ +\infty, & \text{if } S_T < K - P_t e^{r\tau}. \end{cases}$$

$t$시점에 풋옵션을 발행해서 숏 포지션을 취하고 대금을 예금한후 $T$시점에 예금을 인출하는 경우, $t$시점부터 $T$시점까지의 단순수익률은 다음과 같다.

$$\lim_{x \to 0+} \frac{-\max\{0, K - S_T\} + P_t e^{r\tau}}{x} = \lim_{x \to 0+} \frac{\min\{0, -K + S_T\} + P_t e^{r\tau}}{x}$$

$$= \lim_{x \to 0+} \frac{\min\{P_t e^{r\tau}, -K + S_T + P_t e^{r\tau}\}}{x}$$

$$= \begin{cases} +\infty, & \text{if } S_T > K - P_t e^{r\tau}; \\ 0, & \text{if } S_T = K - P_t e^{r\tau}; \\ -\infty, & \text{if } S_T < K - P_t e^{r\tau}. \end{cases}$$

이와 같이, 기초자산에는 포지션을 취하지 않고 옵션에만 포지션을 취함으로써 단순수익률이 $+\infty$에서 $-\infty$에 이르는 극단적인 모습을 보인다는 것을 알 수 있다. 이는 큰 위험을 부담하는 대신 높은 수익률을 추구하는 거래, 즉 투기거래라 할 수 있다.

($b$) 기초자산에 롱 포지션을 취하는 경우 $t$시점부터 $T$시점까지의 수익은 $S_T - S_t$이므로, $t$시점 현재 알 수 없는 $S_T$ 값으로 인해 $S_T - S_t$는 불확실한 값, 즉 위험한 값이라 할 수 있다. 특히, $S_T$가 $S_t$보다 상승하여 $S_T \geq S_t$가 되면 수익이 양이어서 문제가 없지만 $S_T$가 $S_t$보다 하락하여 $S_T < S_t$가 되면 수익이 음이어서 손실을 보게 될 뿐만 아니라 $S_T$의 값에 따라 손실의 규모가 얼마나 커질지 불확실한 상황이다. 하지만 여기에 추가로 풋옵션에 롱 포지션을 취하는 경우 $t$시점부터 $T$시점까지의 옵션 투자로부터의 수익은 $\max\{0, K - S_T\} - P_t$가 되므로, 이

두 수익을 합치면 총수익은 다음과 같다.

$$\textbf{Profit} = S_T - S_t + \max\{0, K - S_T\} - P_t$$
$$= \begin{cases} S_T - S_t - P_t, & \text{if } S_T \geq K; \\ K - S_t - P_t, & \text{if } S_T < K. \end{cases}$$

이때, 총수익 $K - S_t - P_t$는 $S_T$가 $K$보다 하락하여 $S_T < K$ 가 되더라도 $t$시점에서 정해지는 상수값으로, 제3절 정리 10의 풋-콜 패러티를 이용해서 다시 정리하면 다음과 같다.

$$K - S_t - P_t = K - (C_t + Ke^{-r\tau})$$
$$= K - Ke^{-r\tau} - C_t \gtrless 0$$

단, $\tau = T - t$.

즉, $T$시점에 기초자산의 가격이 아무리 하락하더라도 이익 혹은 손실의 크기는 $K - S_t - P_t \gtrless 0$로 고정된다. 반면, $S_T$가 $K$ 보다 상승하여 $S_T \geq K$가 되면 총수익이 $S_T - S_t - P_t$가 되어 $S_T$ 가 상승할수록 수익이 커질 여지가 있다. 따라서, 기초자산에 롱 포지션을 취할 경우 떠안게 되는 손실의 위험이 풋옵션에 롱 포지션을 취하는 투자를 통해 제거될 뿐만 아니라 기초자산 에만 포지션을 취할 경우 누릴 수 있는 양의 수익 또한 어느 정도 보전할 수 있게 된다. 이를 그림으로 나타낸 것이 그림 3.9이다.

기초자산에 숏 포지션을 취하는 경우 $t$시점부터 $T$시점까지 의 수익은 $-(S_T - S_t)$이므로, $t$시점 현재 알 수 없는 $S_T$ 값으로 인해 $-(S_T - S_t)$는 불확실한 값, 즉 위험한 값이라 할 수 있다. 특히, $S_T$가 $S_t$보다 하락하여 $S_T \leq S_t$가 되면 수익이 양이어서 문제가 없지만 $S_T$가 $S_t$보다 상승하여 $S_T > S_t$가 되면 수익이 음이어서 손실을 보게 될 뿐만 아니라 $S_T$의 값에 따라 손실의 규모가 얼마나 커질지 불확실한 상황이다. 하지만 여기에 추가로 콜옵션에 롱 포지션을 취하는 경우 $t$시점부터 $T$시점까지의 옵션 투자로부터의 수익은 $\max\{0, S_T - K\} - C_t$가 되므로, 이 두 수익을 합치면 총수익은 다음과 같다.

$$\mathbf{Profit} = -(S_T - S_t) + \max\{0, S_T - K\} - C_t$$

$$= \begin{cases} S_t - K - C_t, & \text{if } S_T \geq K; \\ -S_T + S_t - C_t, & \text{if } S_T < K. \end{cases}$$

이때, 총수익 $S_t - K - C_t$는 $S_T$가 $K$보다 상승하여 $S_T \geq K$가 되더라도 $t$시점에서 정해지는 상수값으로, 제3절 정리 10의 풋-콜 패러티를 이용해서 다시 정리하면 다음과 같다.

$$S_t - K - C_t = -K - P_t + Ke^{-r\tau}$$

$$= Ke^{-r\tau} - K - P_t \leq 0$$

단, $\tau = T - t$.

즉, $T$시점에 기초자산의 가격이 아무리 상승하더라도 손실의 크기는 $S_t - K - C_t \leq 0$로 고정된다. 반면, $S_T$가 $K$보다 하락하여 $S_T < K$가 되면 총수익이 $-S_T + S_t - C_t$가 되어 $S_T$가 하락할수록 수익이 커질 여지가 있다. 따라서, 기초자산에 숏 포지션을 취할 경우 떠안게 되는 손실의 위험이 콜옵션에 롱 포지션을 취하는 투자를 통해 제거될 뿐만 아니라 기초자산에만 포지션을 취할 경우 누릴 수 있는 양의 수익 또한 어느 정도 보전할 수 있게 된다. 이를 그림으로 나타낸 것이 그림 3.8이다. □

**주    의 19.** 그림 3.8과 제1절의 그림 3.3을 비교해보면 그림 3.8의 최종수익(combined)과 제1절의 그림 3.3이 동일하지는 않지만 유사하다는 것을 알 수 있다. 또한, 그림 3.9와 제1절의 그림 3.1을 비교해보면 그림 3.9의 최종수익(combined)과 제1절의 그림 3.1 또한 동일하지는 않지만 유사하다는 것을 알 수 있다. 하지만, 정리 13에서 살펴본 바와 같이, 제1절의 그림 3.3 및 그림 3.1은 투기거래가 되고, 그림 3.8 및 그림 3.9는 헷징 거래가 된다. 차이점은, 제1절의 그림 3.3 및 그림 3.1은 옵션에만 포지션을 취하는 반면, 그림 3.8 및 그림 3.9는 기초자산과 옵션에 동시에 포지션을 취한다는 점이다.

이와 같은 옵션을 이용한 헷징과 관련하여 다음의 정의 20과 같이 이름이 붙어 있는 투자전략이 있다. *커버드 콜(covered call)*과 *프로텍티브 풋(protective put)*이 바로 그것들이다. 프로텍티브 풋은 앞서 살펴본 풋옵션을 이용한 헷징과 같은 전략이고, 커버드 콜은 콜옵션을 이용한 헷징에 반대 포지션을 취한 전략이다. 커버드 콜과 프로텍티브 풋에 대해 알아보기로 하자.

**정    의 20** (커버드 콜과 프로텍티브 풋). 그림 3.10 및 그림 3.11과 같이,

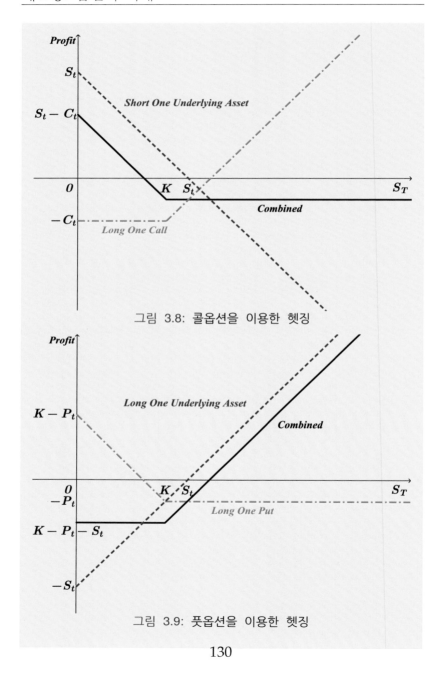

그림 3.8: 콜옵션을 이용한 헷징

그림 3.9: 풋옵션을 이용한 헷징

(a) **커버드 콜(covered call):** 기초자산에 롱 포지션을, 콜
옵션에 숏 포지션을 취해 구성한 투자전략을 **커버드
콜(covered call)**이라 한다. 이를 그림으로 나타낸 것
이 그림 3.10이다.

(b) **프로텍티브 풋(protective put):** 기초자산에 롱 포지션
을, 풋옵션에 롱 포지션을 취해 구성한 투자전략을 **프
로텍티브 풋(protective put)**이라 한다. 이를 그림으로
나타낸 것이 그림 3.11이다.

**주      의 20.** 그림 3.8과 그림 3.10을 비교해보면, 콜옵션
을 이용한 헷징에서 기초자산과 콜옵션 모두 포지션을 반
대로 취하면 커버드 콜이 된다는 것을 알 수 있다. 또한,
그림 3.9와 그림 3.11을 비교해보면, 풋옵션을 이용한 헷징
이 바로 프로텍티브 풋이라는 것을 알 수 있다.

그림 3.8, 그림 3.9, 그림 3.10, 그림 3.11을 그릴 때 $S_t$와 $K$
중 어느 것이 더 큰 값이 되도록 그려야 하는지 의문이 있을
수 있다. 사실, $S_t$와 $K$는 서로 별다른 대소관계가 설정되어 있
지 않다. 따라서, 둘중 어느 쪽을 큰 값이 되게 그리든 아무런
상관이 없다. 우리 책에서는 $S_t$를 $K$보다 큰 값으로 그렸지만
말이다.

지금까지 다룬 옵션을 이용한 헷징은, 만기에 기초자산의
가격에 따라 이익이 예상되는 유리한 경우는 어느 정도 보존
하면서 만기에 기초자산의 가격에 따라 손실이 예상되는 불리

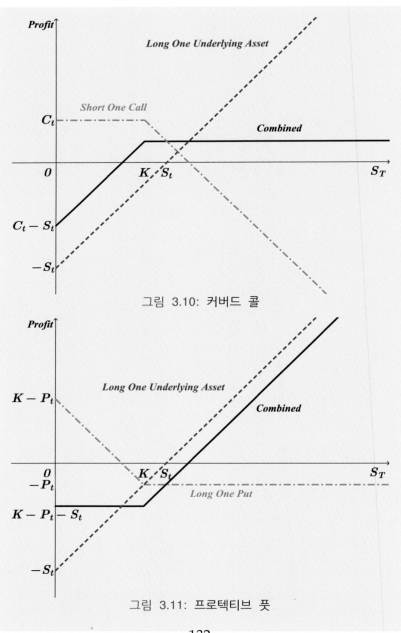

그림 3.10: 커버드 콜

그림 3.11: 프로텍티브 풋

한 경우에 대해 손실의 폭을 제한하는 방식으로 위험을 제거하는 전략이었다. 하지만 옵션을 이용하더라도 선물을 이용하는 경우처럼 총수익이 만기의 기초자산 가격에 관계 없이 상수값이 되도록 만들어 위험을 완전히 제거하는 방법도 있다. 제3절 정리 10의 풋-콜 패러티의 좌변과 같은, 혹은 좌변에 $-1$을 곱한 것과 같은 초기 현금흐름이 발생하도록 자산들을 매매하는 전략이 그것이다. 이는 다음의 정리 14에 잘 나타나 있다.

**정       리 14** (풋-콜 패러티를 이용한 헷징). 동일한 기초자산, 동일한 만기, 동일한 행사가격을 가진 콜옵션과 풋옵션에 대하여,

($a$) 기초자산에 롱 포지션을 취한 경우, 동시에 풋옵션에 롱 포지션을 취하고 콜옵션에 숏 포지션을 취하면 기초자산의 옵션 만기시점에서의 가격변동에 따른 위험을 완전히 제거할 수 있다.

($b$) 기초자산에 숏 포지션을 취한 경우, 동시에 풋옵션에 숏 포지션을 취하고 콜옵션에 롱 포지션을 취하면 기초자산의 옵션 만기시점에서의 가격변동에 따른 위험을 완전히 제거할 수 있다.

**증       명.** 콜옵션과 풋옵션의 $t$시점에서의 가격을 각각 $C_t$ 및 $P_t$, 기초자산의 $t$시점에서의 가격을 $S_t$, 행사가격을 $K$, 옵션 만기를 $T > t$시점이라 하자. 연간이자율이 $r$이라면 다음과 같이

풋-콜 패러티(제3절의 정리 10)가 성립한다.

$$S_t + P_t - C_t = Ke^{-r\tau}$$

단, $\tau = T - t$.

($a$) 기초자산에 롱 포지션을 취하는 경우 $t$시점부터 $T$시점까지의 수익은 $S_T - S_t$이므로, $t$시점 현재 알 수 없는 $S_T$ 값으로 인해 $S_T - S_t$는 불확실한 값, 즉 위험한 값이라 할 수 있다. 하지만 여기에 추가로 풋옵션에 롱 포지션을 취하고 콜옵션에 숏 포지션을 취하는 경우 $t$시점부터 $T$시점까지의 옵션 투자로부터의 수익은 $[\max\{0, K - S_T\} - P_t] - [\max\{0, S_T - K\} - C_t]$가 되므로, 이 두 수익을 합치면 총수익은 다음과 같다.

$$\begin{aligned}
\mathbf{Profit} &= S_T - S_t + \max\{0, K - S_T\} - P_t - \max\{0, S_T - K\} + C_t \\
&= \begin{cases} S_T - S_t + 0 - P_t - (S_T - K) + C_t, & \text{if } S_T \geq K; \\ S_T - S_t + (K - S_T) - P_t - 0 + C_t, & \text{if } S_T < K \end{cases} \\
&= K - S_t - P_t + C_t \\
&= K - Ke^{-r\tau} \geq 0 \ \text{by 풋-콜 패러티.}
\end{aligned}$$

이 총수익은 $t$시점에서 정해지는 상수값이다. 따라서, 기초자산에만 롱 포지션을 취할 경우 떠안게 되는 위험이 풋옵션에 롱 포지션을 취하고 콜옵션에 숏 포지션을 취하는 투자를 통해 완전히 제거되었다고 할 수 있다. 이를 그림으로 나타낸 것이 그림 3.12이다.

($b$) 기초자산에 숏 포지션을 취하는 경우 $t$시점부터 $T$시점까지의 수익은 $-(S_T - S_t)$이므로, $t$시점 현재 알 수 없는 $S_T$ 값으로 인해 $-(S_T - S_t)$는 불확실한 값, 즉 위험한 값이라 할 수

있다. 하지만 여기에 추가로 풋옵션에 숏 포지션을 취하고 콜옵션에 롱 포지션을 취하는 경우 $t$시점부터 $T$시점까지의 옵션 투자로부터의 수익은 $-[\max\{0, K - S_T\} - P_t] + [\max\{0, S_T - K\} - C_t]$가 되므로, 이 두 수익을 합치면 총수익은 다음과 같다.

$$\textbf{Profit} = -(S_T - S_t) - \max\{0, K - S_T\} + P_t + \max\{0, S_T - K\} - C_t$$

$$= \begin{cases} -S_T + S_t - 0 + P_t + (S_T - K) - C_t, & \text{if } S_T \geq K; \\ -S_T + S_t - (K - S_T) + P_t + 0 - C_t, & \text{if } S_T < K \end{cases}$$

$$= S_t + P_t - C_t - K$$

$$= Ke^{-r\tau} - K \leq 0 \ \text{ by 풋-콜 패러티.}$$

이 총수익은 $t$시점에서 정해지는 상수값이다. 따라서, 기초자산에만 숏 포지션을 취할 경우 떠안게 되는 위험이 풋옵션에 숏 포지션을 취하고 콜옵션에 롱 포지션을 취하는 투자를 통해 완전히 제거되었다고 할 수 있다. 이를 그림으로 나타낸 것이 그림 3.13이다.                                    □

그림 3.12와 그림 3.13에서 $K$가 $S_t$보다 큰 것으로 그림을 그렸지만, 사실 $S_t$와 $K$는 대소관계가 따로 설정되어 있지 않기 때문에 어느 쪽을 더 큰 값으로 그리든 문제가 되지 않는다.

그림 3.12 및 그림 3.13은 제2장 5절의 그림 2.7 및 그림 2.8과 그 최종수익(combined profit)이 유사하다. 그림 2.7 및 그림 2.8에서 기초자산에 대한 포지션을 제외하고 선물에 대한 포지션만 나타내면 제2장 3절의 그림 2.5 및 그림 2.6이 된다. 마찬가지로 그림 3.12 및 그림 3.13에서 기초자산에 대한 포지션을 제외하고 옵션들에 대한 포지션만 나타내면 그림 3.14

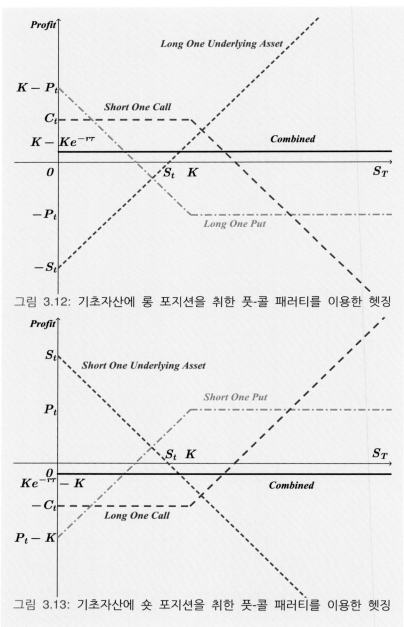

그림 3.12: 기초자산에 롱 포지션을 취한 풋-콜 패러티를 이용한 헷징

그림 3.13: 기초자산에 숏 포지션을 취한 풋-콜 패러티를 이용한 헷징

및 그림 3.15와 같이 된다. 그림 3.14 및 그림 3.15는 제2장 3절의 그림 2.5 및 그림 2.6과 매우 유사함을 알 수 있다. 즉, 옵션들만을 이용해서 선물과 유사한 형태의 수익구조를 갖도록 투자전략을 짤 수 있는 것이다. 이를 **옵션을 이용한 합성선물(synthetic futures by options)**이라 한다. 합성선물은 모든 조건이 동일한 콜옵션과 풋옵션에 서로 반대 포지션을 취함으로써 짤 수 있다.

**정    리 15** (옵션을 이용한 합성선물(synthetic futures by options)). 동일한 기초자산, 동일한 만기, 동일한 행사가격을 가진 콜옵션과 풋옵션에 대하여,

(a) 풋옵션에 숏 포지션을 취하고 콜옵션에 롱 포지션을 취할 경우의 수익은 $S_T - S_t + Ke^{-r\tau} - K$가 되고,

(b) 풋옵션에 롱 포지션을 취하고 콜옵션에 숏 포지션을 취할 경우의 수익은 $-(S_T - S_t + Ke^{-r\tau} - K)$가 된다.

중    명. 콜옵션과 풋옵션의 $t$시점에서의 가격을 각각 $C_t$ 및 $P_t$, 기초자산의 $t$시점에서의 가격을 $S_t$, 행사가격을 $K$, 옵션 만기를 $T > t$시점이라 하자. 연간이자율이 $r$이라면 다음과 같이 풋-콜 패러티(제3절의 정리 10)가 성립한다.

$$S_t + P_t - C_t = Ke^{-r\tau}$$

단, $\tau = T - t$.

(*a*) 풋옵션에 숏 포지션을 취하고 콜옵션에 롱 포지션을 취할 경우의 수익은

$$\textbf{Profit} = -\max\{0, K - S_T\} + P_t + \max\{0, S_T - K\} - C_t$$

$$= \begin{cases} -0 + P_t + (S_T - K) - C_t, & \text{if } S_T \geq K; \\ -(K - S_T) + P_t + 0 - C_t, & \text{if } S_T < K \end{cases}$$

$$= S_T + P_t - C_t - K$$

$$= S_T - S_t + Ke^{-r\tau} - K \ \text{ by 풋-콜 패러티.}$$

이를 그림으로 나타낸 것이 그림 3.14이다.

(*b*) 풋옵션에 롱 포지션을 취하고 콜옵션에 숏 포지션을 취할 경우의 수익은

$$\textbf{Profit} = \max\{0, K - S_T\} - P_t - \max\{0, S_T - K\} + C_t$$

$$= \begin{cases} 0 - P_t - (S_T - K) + C_t, & \text{if } S_T \geq K; \\ (K - S_T) - P_t - 0 + C_t, & \text{if } S_T < K \end{cases}$$

$$= K - S_T - P_t + C_t$$

$$= -(S_T - S_t + Ke^{-r\tau} - K) \ \text{ by 풋-콜 패러티.}$$

이를 그림으로 나타낸 것이 그림 3.15이다. □

이와 같이, 옵션을 이용해서 선물과 유사한 수익구조를 갖도록 합성선물을 만들 수 있기 때문에, 옵션을 이용하면 선물을 이용해서 구성하는 헷징 거래와 유사한 헷징 거래를 할 수 있게 되는 것이다. 다만, 합성선물의 수익구조는 선물의 수익구조와 유사할 뿐 완전히 동일하지는 않다. 이는 정리 15와 제2

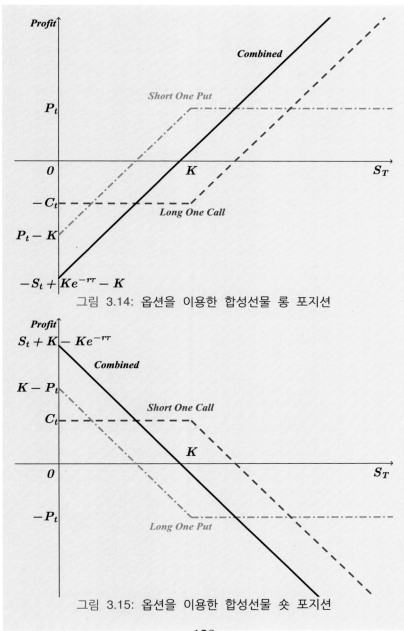

그림 3.14: 옵션을 이용한 합성선물 롱 포지션

그림 3.15: 옵션을 이용한 합성선물 숏 포지션

장 3절의 정리 3을 비교하거나, 그림 3.14 및 그림 3.15와 제2
장 3절의 그림 2.5 및 그림 2.6을 비교해보면 알 수 있다. 그렇
기 때문에 정리 14의 풋-콜 패러티를 이용한 헷징과 제2장 5
절 정리 5의 선물을 이용한 헷징 또한 유사하나 동일하지 않을
수 밖에 없는 것이다. 이 또한 그림 3.12 및 그림 3.13과 제2
장 5절의 그림 2.7 및 그림 2.8을 비교해보면 쉽게 알 수 있다.

> **주　의 21.** 합성선물의 수익은 선물의 수익과 유사하나
> 완전히 동일하지는 않다. 따라서, 합성선물을 이용한 헷징,
> 즉 풋-콜 패러티를 이용한 헷징은 선물을 이용한 헷징과 유
> 사하나 완전히 동일하지는 않다.

# 5　옵션의 경제적 기능

　선물과 마찬가지로 옵션도 차익거래, 투기거래, 헷징 거래
를 통해 경제적으로 중요한 역할을 한다. 이 절에서는 이러한
옵션의 경제적 역할 혹은 기능에 대해 논의해보도록 하자. 이
절은 조승모(2014)의 제4장 2절에서 옵션의 경제적 기능에 관
한 부분을 수정 및 보완하여 작성되었다. 이 절의 내용은 선도
와 선물이라는 용어 대신 옵션이라는 용어를 사용한다는 점만
제외하면 앞서 제2장 6절에서 다룬 선도와 선물의 경제적 기
능에 대한 내용과 완전히 동일하다.

**정    의 21** (옵션의 경제적 기능). 옵션은 다음과 같은 경제적 기능을 갖는다.

(a) **가격발견(price discovery):** 옵션은 그 시장 및 기초자산 시장이 균형에서 벗어나 차익거래의 기회가 존재할 경우 차익거래를 통해 이러한 시장불균형이 해소되도록 함으로써 시장이 항상 균형상태에 머무르게 하는 역할을 한다.

(b) **위험전가(risk shifting):** 옵션은 위험을 줄이거나 제거하고자 하는 *헷징 거래자(hedger)*로부터 위험을 부담하는 대신 고수익을 추구하는 *투기거래자(speculator)*에게로 위험을 전가시키는 역할을 한다.

(c) **자원배분의 효율성 증대(efficient resource allocation):** 옵션은 가격발견기능을 통해 관련 시장이 항상 균형상태에 머무르게 함으로써 자원배분이 효율적으로 이루어지도록 하는 역할을 한다. 시장균형상태는 소비자의 효용과 생산자의 이윤이 극대화되어 자원배분이 최적화되는 상태이기 때문이다.

(d) **자본축적(capital accumulation):** 옵션은    위험전가 기능을 통해 기업이 안정적인 경영활동을 가능하게 함으로써 자본축적을 용이하게 한다. 위험을 줄임으로써 기업은 국제유가의 변동, 국제원자재가의 변동, 환율의 변동 등에 의한 위험으로부터 벗어나 장기적인 경영계획을 수립할 수 있으며, 이러한 위험에 대비한 충당금을 설정할 필요가 없게 되므로 자금을 최대한

효율적으로 이용하여 장기적인 사업을 할 수 있게
되기 때문이다.

(e) **시장활성화(market vitalization):** 옵션을 이용한 차익
거래, 헷징 거래, 투기거래는 기초자산의 거래를 수반
한다. 이러한 기초자산의 거래는 옵션이 없었더라면 없
었을 거래이다. 이러한 의미에서 옵션은 기초자산의 거
래를 활성화하는 역할을 한다고 할 수 있다.

(f) **자본시장의 발달(capital market development):**
특히, 기초자산이 주식이나 채권인 옵션은 주식시장과
채권시장을 활성화하게 되는데, 주식과 채권의 유통시
장이 활성화되면 그 발행시장도 함께 활성화된다. 즉,
자본시장이 발달하게 된다. 이렇게 되면 자본시장의
발달로 기업이 주식과 채권의 발행을 통해 자본을
조달하는 것이 용이해지게 된다.

(g) **경제발전(economic development):** 옵션은 결국 가격
발견과 위험전가라는 기본적인 역할을 토대로 자원배
분의 효율성을 증대시키고, 기업의 안정적이고 장기적
인 경영활동을 가능하게 하여 자본축적을 용이하게 하
며, 기업이 자본조달을 쉽게 할 수 있도록 자본시장을
발달시키게 된다. 따라서, 기업은 대규모 자본조달을 토
대로 새로운 산업을 일으킬 자금을 얻을 수 있고, 안
정적이고 장기적인 경영활동을 통해 자본을 축적할 수
있으며, 이러한 자본을 투자하여 자원을 이용함에 있어
자원배분의 효율성이 달성되므로, 이는 결국 경제발전

으로 이어지게 된다.

**주    의 22.** 하지만, 이와 동시에 투기와 빈번한 기초자산의 거래 등을 통해 시장이 불안정해질 수 있으며, 이것이 결국 금융위기로 이어질 수 있다는 단점 또한 명심해야 할 것이다. 예컨대, 옵션을 이용한 투기를 통해 금융기관이 부도를 맞게 되는 경우, 이는 다른 금융기관의 연쇄부도로 이어질 수 있고 자본시장이 불안정해질 뿐만 아니라, 금융위기가 발생할 수도 있을 것이다.

# 6  옵션을 이용한 여러가지 투자전략

수익의 그래프가 그냥 직선인 선물과 달리, 옵션은 중간에 한 번 꺾이는 형태의 수익 그래프를 갖는다. 그리고 행사가격이 얼마냐에 따라 그래프가 꺾이는 위치도 차이가 있으며, 콜옵션이나 풋옵션이냐, 혹은 롱 포지션이냐 숏 포지션이냐에 따라 꺾이는 방향이 달라지기도 한다. 기억이 나지 않는 학생들은 1절의 그림 3.1, 그림 3.2, 그림 3.3, 그림 3.4를 다시 보기 바란다. 이러한 특성으로 인해 옵션을 이용하면 지금까지 살펴본 투자전략 이외에도 다양한 투자전략을 짤 수 있다. 이 절에서는 이러한 다양한 투자전략들에 대해 살펴보기로 한다.

이 책에서 다루는 투자전략들은 모두 널리 알려진 것들이고 옵션을 이용해서 구성할 수 있는 투자전략 중 극히 일부분에 불과하다. 이 책에 등장하는 투자전략을 포함하여 더 많은 투자전략에 대해서는 Ianieri(2009), Mullaney(2009), Jabbour and Budwick(2010), Cohen(2015) 등을 참조하길 권한다.

이 절은 조승모(2014)의 제5장 4절을 바탕으로 이에 내용을 가감하여 작성되었다. 다만, 조승모(2014)의 제5장 4절에는 이 절의 그림 3.20 및 그림 3.21에 나타난 **롱 버터플라이 스프레드(long butterfly spread)**만을 **버터플라이 스프레드(butterfly spread)**로 서술하고 있는데, 이 절에서는 버터플라이 스프레드를 그림 3.20 및 그림 3.21의 **롱 버터플라이 스프레드(long butterfly spread)**와 그림 3.22 및 그림 3.23의 **숏 버터플라이 스프레드(short butterfly spread)**로 구분하여 나타내고 있으며, 조승모(2014)의 제5장 4절에 등장하는 캘린더 스프레드(calendar spread)를 이 절에서는 다루고 있지 않다는 점이 이 책이 조승모(2014)와 다른 점이다. 또한, 이 절에서는 조승모(2014)의 제5장 4절에 등장하는 수많은 수식들을 모두 생략하고 말과 그림으로만 옵션을 이용한 여러가지 투자전략을 설명하고 있다는 점도 이 책이 조승모(2014)와 다른 점이다.

구체적인 투자전략들은 크게 **스프레드(spread)**와 **콤비네이션(combination)**으로 분류할 수 있는데, 개별적인 투자전략에 대해 알아보기 전에 먼저 스프레드와 콤비네이션의 개념에 대해 살펴보자.

**정    의 22** (스프레드와 콤비네이션). 옵션을 이용하여 짤 수 있는 투자전략에는 크게 다음의 두 종류가 있다.

(*a*) <u>스프레드(spread)</u>: 동일한 기초자산을 갖는 콜옵션들만을 이용하거나 동일한 기초자산을 갖는 풋옵션들만을 이용하여 서로 다른 포지션을 취하여 구성한 투자전략을 *스프레드(spread)*라 한다.

(*b*) <u>콤비네이션(combination)</u>: 동일한 기초자산을 갖는 콜옵션들과 풋옵션들을 함께 이용하여 동일한 포지션을 취하여 구성한 투자전략을 **콤비네이션(combination)**이라 한다.

이제 스프레드와 콤비네이션으로 분류되는 개별적인 투자전략들을 살펴보기로 하자. 1절의 그림 3.1, 그림 3.2, 그림 3.3, 그림 3.4와 같은 옵션의 수익 그래프들을 합성하는 방식으로 이들 개별 투자전략의 수익 그래프를 살펴보는 방식으로 논의를 진행할 것이다. 특히, 만기가 서로 다른 옵션들을 합성할 때 정확한 그림을 그리기 위해 유의해야 할 부분이 있는데, 바로 행사가격에 관한 사항이다. 일반적으로 행사가격이 커질 때 콜옵션 가격은 작아지고 풋옵션 가격은 커진다는 점이다. 1절의 그림 3.1, 그림 3.2, 그림 3.3, 그림 3.4를 보면 알 수 있듯이, 옵션의 수익 그래프에서 수평선, 즉 상수함수의 함수값은 옵션 가격이거나 옵션 가격에 마이너스 부호를 붙인 것이기 때문이다. 행사가격과 옵션 가격의 이러한 관계는 아래의 예시 8에서 확인할 수 있다. 예시 8의 내용에 대한 수학적인 증명은 조승모(2014)의 제5장 1절 정리 22에 잘 정리되어 있으며, 예시 8은 조승모(2014)의 제5장 6절 문제 120에서 문제 125까지의

각 문제별 작은 문제 (6)과 구체적인 숫자만 빼고 실질적으로
동일하다고 할 수 있다.

---

**예    시 8.** 기초자산의 가격이 ₩5,200이고, 기초자산 일
별수익률의 분산이 연간 $(49\%)^2$이며, 만기가 3개월 후인 콜
옵션과 풋옵션에 대하여, 연간이자율이 2%일 때, 무차익거
래 상태에서 블랙-숄즈 모형과 풋-콜 패러티를 이용하여 다
음 물음에 답해보시오.

**(1)** 행사가격이 ₩5,300에서 ₩5,400으로 증가할 때 콜옵션
    가격의 변화분을 구하시오.

**(2)** 행사가격이 ₩5,300에서 ₩5,400으로 증가할 때 풋옵션
    가격의 변화분을 구하시오.

단, 소수 다섯째 자리에서 반올림해서 소수 넷째 자리까지
만 나타낼 것.

---

**풀    이.** $S_t = ₩5,200$, $\sigma = 49\%$, $\tau = 3/12 = 0.25$, $r = 2\%$
이다. $K_A = ₩5,300$ 및 $K_B = ₩5,400$이라 하자.

우선

$$
\begin{aligned}
d_1^A &= \frac{\ln \dfrac{S_t}{K_A} + \left(r + \dfrac{1}{2}\sigma^2\right)\tau}{\sigma \sqrt{\tau}} \\
&= \frac{\ln \dfrac{₩5,200}{₩5,300} + \left(0.02 + \dfrac{1}{2} \times 0.49^2\right) \times 0.25}{0.49 \times \sqrt{0.25}} \\
&= 0.0652
\end{aligned}
$$

및

$$d_2^A = d_1^A - \sigma \sqrt{\tau}$$
$$= 0.0652 - 0.49 \times \sqrt{0.25}$$
$$= -0.1798$$

이므로 다음과 같다.

$$\Phi\left(d_1^A\right) = \Phi(0.0652)$$
$$= \Phi(0.06) + \frac{\Phi(0.07) - \Phi(0.06)}{0.07 - 0.06} \times (0.0652 - 0.06)$$
$$= 0.5239 + \frac{0.5279 - 0.5239}{0.01} \times 0.0052$$
$$= 0.5260$$

및

$$\Phi\left(d_2^A\right) = \Phi(-0.1798)$$
$$= \Phi(-0.18) + \frac{\Phi(-0.17) - \Phi(-0.18)}{-0.17 - (-0.18)} \times [-0.1798 - (-0.18)]$$
$$= 0.4286 + \frac{0.4325 - 0.4286}{0.01} \times 0.0002$$
$$= 0.4287.$$

또한

$$
\begin{aligned}
d_1^B &= \frac{\ln \dfrac{S_t}{K_B} + \left(r + \dfrac{1}{2}\sigma^2\right)\tau}{\sigma\sqrt{\tau}} \\[2mm]
&= \frac{\ln \dfrac{\text{\textwon}5,200}{\text{\textwon}5,400} + \left(0.02 + \dfrac{1}{2} \times 0.49^2\right) \times 0.25}{0.49 \times \sqrt{0.25}} \\[2mm]
&= -0.0111
\end{aligned}
$$

및

$$
\begin{aligned}
d_2^B &= d_1^B - \sigma\sqrt{\tau} \\
&= -0.0111 - 0.49 \times \sqrt{0.25} \\
&= -0.2561
\end{aligned}
$$

이므로 다음과 같다.

$$
\begin{aligned}
\Phi\left(d_1^B\right) &= \Phi(-0.0111) = 1 - \Phi(0.0111) \\
&= 1 - \left[\Phi(0.01) + \frac{\Phi(0.02) - \Phi(0.01)}{0.02 - 0.01} \times (0.0111 - 0.01)\right] \\
&= 1 - \left[0.5040 + \frac{0.5080 - 0.5040}{0.01} \times 0.0011\right] \\
&= 0.4956
\end{aligned}
$$

및

$$\Phi\left(d_2^B\right) = \Phi(-0.2561)$$

$$= \Phi(-0.26) + \frac{\Phi(-0.25) - \Phi(-0.26)}{-0.25 - (-0.26)} \times [-0.2561 - (-0.26)]$$

$$= 0.3974 + \frac{0.4013 - 0.3974}{0.01} \times 0.0039$$

$$= 0.3989.$$

**(1)** 무차익거래 상태에서 블랙-숄즈 모형을 이용하면 콜옵션의 가격은 다음과 같이 구할 수 있다.

$$C_t^A = S_t \Phi\left(d_1^A\right) - K_A e^{-r\tau} \Phi\left(d_2^A\right)$$

$$= ₩5,200 \times 0.5260 - ₩5,300 \times e^{-0.02 \times 0.25} \times 0.4287$$

$$= ₩474.4222$$

및

$$C_t^B = S_t \Phi\left(d_1^B\right) - K_B e^{-r\tau} \Phi\left(d_2^B\right)$$

$$= ₩5,200 \times 0.4956 - ₩5,400 \times e^{-0.02 \times 0.25} \times 0.3989$$

$$= ₩433.8034.$$

$$\therefore \ C_t^B - C_t^A = ₩433.8034 - ₩474.4222 = -₩40.6188.$$

**(2)** **(1)**의 결과와 풋-콜 패러티를 이용하면 무차익거래 상태에서 풋옵션의 가격은 다음과 같이 구할 수 있다.

$$P_t^A = C_t^A - S_t + K_A e^{-r\tau}$$

$$= ₩474.4222 - ₩5,200 + ₩5,300 \times e^{-0.02 \times 0.25}$$

$$= ₩547.9883$$

및

$$P_t^B = C_t^B - S_t + K_B e^{-r\tau}$$

$$= ₩433.8034 - ₩5,200 + ₩5,400 \times e^{-0.02 \times 0.25}$$

$$= ₩606.8708.$$

$$\therefore \ P_t^B - P_t^A = ₩606.8708 - ₩547.9883 = ₩58.8825.$$

$\square$

**주 의 23.** 일반적으로 행사가격이 증가하면
(*a*) 콜옵션 가격은 감소하고,
(*b*) 풋옵션 가격은 증가한다.
이에 대한 수학적인 증명은 조승모(2014)의 제5장 1절 정리 22에 잘 정리되어 있다. 따라서, 모든 조건이 동일하고 행사가격만 다른 콜옵션 두 종류의 수익을 함께 그릴 때에는 행사가격이 큰 콜옵션의 옵션 가격을 작게 표시해야 하고, 모든 조건이 동일하고 행사가격만 다른 풋옵션 두 종류의 수익을 함께 그릴 때에는 행사가격이 큰 풋옵션의 옵션 가격을 크게 표시해야 한다.

이렇게 얘기하고 나면 이런 질문을 하는 학생들이 종종 있다. "모든 조건이 동일한 콜옵션과 풋옵션은 어느 쪽이 더 옵션 가격이 큽니까?" 혹은 "현재의 기초자산 가격과 옵션의 행사가격은 어느 쪽이 더 큽니까?"와 같은 질문 말이다. 아주 좋은 질문이다. 정답은 아무 관계가 없다는 것이다. 따라서 모든 조건이 동일한 콜옵션과 풋옵션의 수익을 함께 그릴 때 옵션 가격들은 어느 쪽이 더 크거나 작아도 아무런 상관이 없다. 또한, 옵션의 행사가격과 기초자산의 현재 가격도 어느 쪽이 더 크거나 작아도 아무 문제 없다고 하겠다.

옵션을 이용한 구체적인 투자전략들은 정의 23 및 정의 24와 같다.

**정     의 23** (스프레드). 대표적인 스프레드 전략은 다음과 같다.

(*a*) **베어리시 스프레드(bearish spread):** 동일한 기초자산과 만기를 가지고 서로 다른 행사가격을 가지는 두 종류의 콜옵션(혹은 풋옵션) 중 행사가격이 큰 옵션 한 단위에 에 롱 포지션을 취하고 행사가격이 작은 옵션 한 단위에 숏 포지션을 취하여 구성한 스프레드. 이를 그림으로 나타낸 것이 그림 3.16 및 그림 3.17이다.

(*b*) **불리시 스프레드(bullish spread):** 동일한 기초자산과 만기를 가지고 서로 다른 행사가격을 가지는 두 종류의 콜옵션(혹은 풋옵션) 중 행사가격이 작은 옵션 한 단위에 롱 포지션을 취하고 행사가격이 큰 옵션 한 단위에 숏 포지션을 취하여 구성한 스프레드. 이를 그림으로 나타낸 것이 그림 3.18 및 그림 3.19이다.

(*c*) **롱 버터플라이 스프레드(long butterfly spread):** 동일한 기초자산과 만기를 가지고 서로 다른 행사가격을 가지는 세 종류의 콜옵션(혹은 풋옵션) 중 행사가격이

두번째인 옵션 두 단위에 숏 포지션을 취하고 나머지
옵션 각 한 단위에 롱 포지션을 취하여 구성한 스프
레드. 이를 그림으로 나타낸 것이 그림 3.20 및 그림
3.21이다.

(d) **숏 버터플라이 스프레드(short butterfly spread):**
동일한 기초자산과 만기를 가지고 서로 다른 행사
가격을 가지는 세 종류의 콜옵션(혹은 풋옵션) 중
행사가격이 두번째인 옵션 두 단위에 롱 포지션을
취하고 나머지 옵션 각 한 단위에 숏 포지션을 취하여
구성한 스프레드. 이를 그림으로 나타낸 것이 그림
3.22 및 그림 3.23이다.

**정    의 24** (콤비네이션). 대표적인 콤비네이션 전략은 다
음과 같다.

(a) **롱 스트래들 콤비네이션(long straddle combination):**
동일한 기초자산과 행사가격 및 만기를 가지는 콜옵션
과 풋옵션 각 한 단위에 롱 포지션을 취하여 구성한
콤비네이션. 이를 그림으로 나타낸 것이 그림 3.24
이다.

(b) **숏 스트래들 콤비네이션(short straddle combination):**
동일한 기초자산과 행사가격 및 만기를 가지는 콜옵션
과 풋옵션 각 한 단위에 숏 포지션을 취하여 구성한

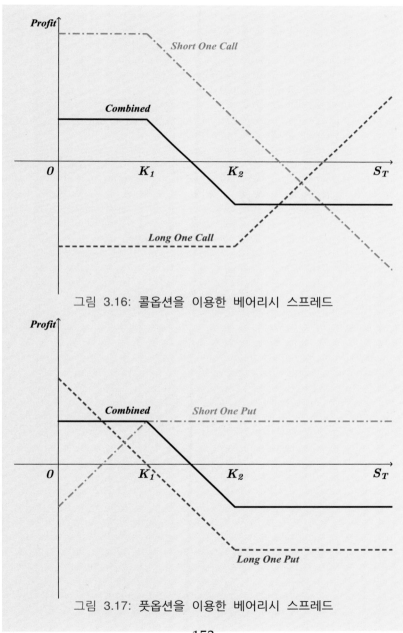

그림 3.16: 콜옵션을 이용한 베어리시 스프레드

그림 3.17: 풋옵션을 이용한 베어리시 스프레드

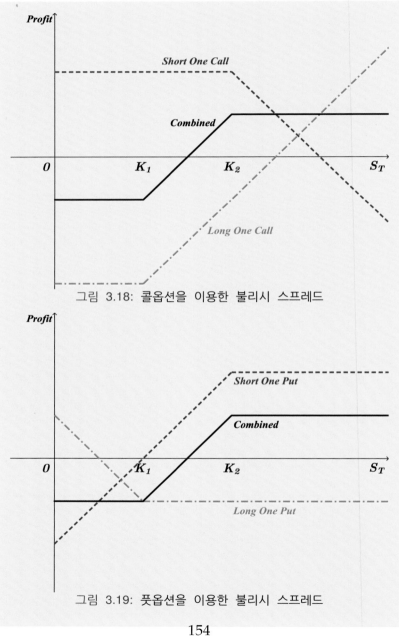

그림 3.18: 콜옵션을 이용한 불리시 스프레드

그림 3.19: 풋옵션을 이용한 불리시 스프레드

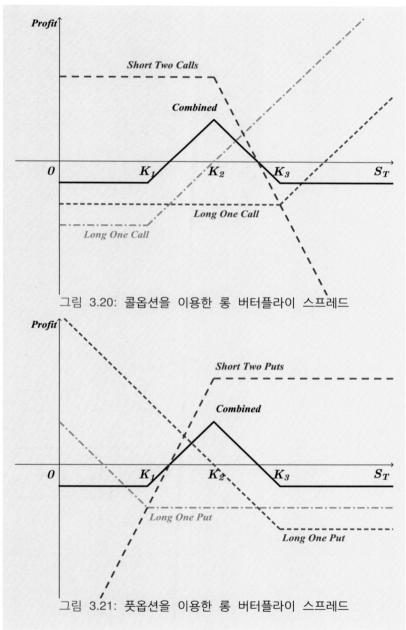

그림 3.20: 콜옵션을 이용한 롱 버터플라이 스프레드

그림 3.21: 풋옵션을 이용한 롱 버터플라이 스프레드

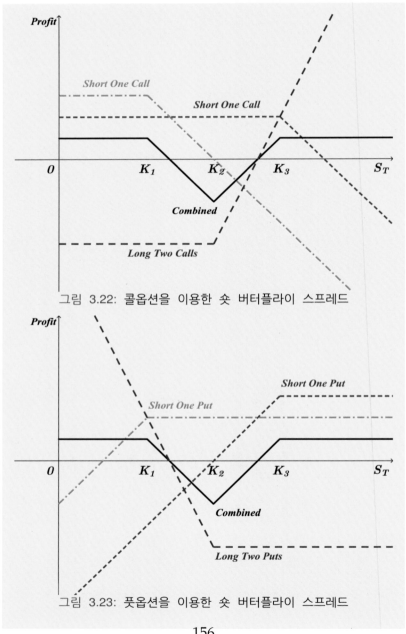

그림 3.22: 콜옵션을 이용한 숏 버터플라이 스프레드

그림 3.23: 풋옵션을 이용한 숏 버터플라이 스프레드

콤비네이션. 이를 그림으로 나타낸 것이 그림 3.25 이다.

(c) 스트립 콤비네이션(strip combination): 동일한 기초 자산과 행사가격 및 만기를 가지는 콜옵션과 풋옵션에 대해 콜옵션 한 단위와 풋옵션 두 단위에 롱 포지션을 취하여 구성한 콤비네이션. 이를 그림으로 나타낸 것이 그림 3.26이다.

(d) 스트랩 콤비네이션(strap combination): 동일한 기초 자산과 행사가격 및 만기를 가지는 콜옵션과 풋옵션에 대해 콜옵션 두 단위와 풋옵션 한 단위에 롱 포지션을 취하여 구성한 콤비네이션. 이를 그림으로 나타낸 것이 그림 3.27이다.

(e) 롱 스트랭글 콤비네이션(long strangle combination): 동일한 기초자산과 만기를 가지고 행사가격이 큰 콜 옵션과 행사가격이 작은 풋옵션 각 한 단위에 롱 포지션을 취하여 구성한 콤비네이션. 이를 그림으로 나타낸 것이 그림 3.28이다.

(f) 숏 스트랭글 콤비네이션(short strangle combination): 동일한 기초자산과 만기를 가지고 행사가격이 큰 콜 옵션과 행사가격이 작은 풋옵션 각 한 단위에 숏 포지션을 취하여 구성한 콤비네이션. 이를 그림으로 나타낸 것이 그림 3.29이다.

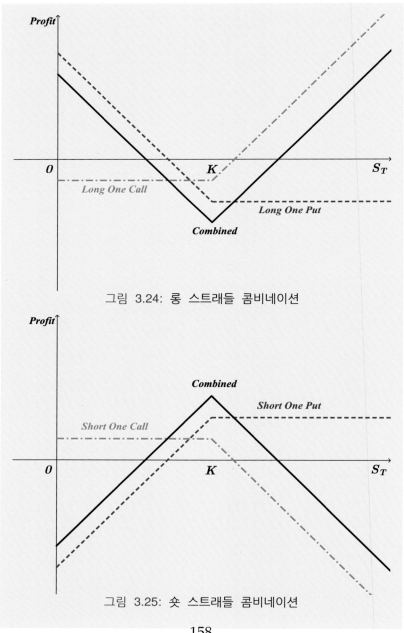

그림 3.24: 롱 스트래들 콤비네이션

그림 3.25: 숏 스트래들 콤비네이션

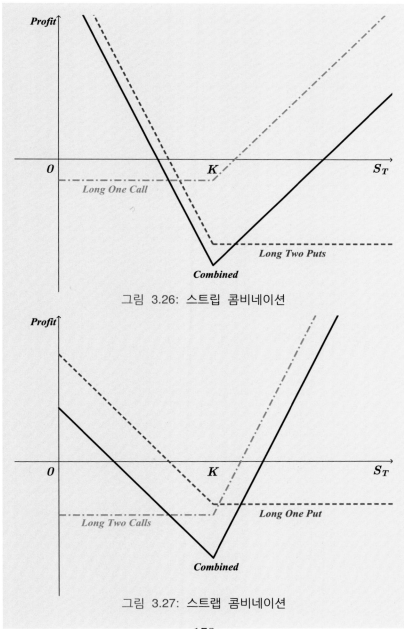

그림 3.26: 스트립 콤비네이션

그림 3.27: 스트랩 콤비네이션

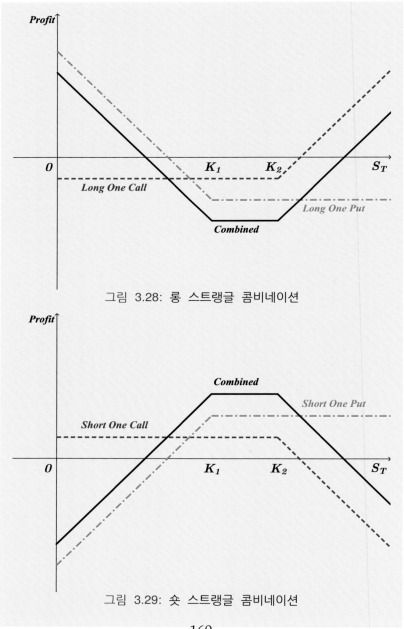

그림 3.28: 롱 스트랭글 콤비네이션

그림 3.29: 숏 스트랭글 콤비네이션

# 7    연습문제

**문    제 10.** 2004년 그룹 더 넛츠(The Nuts)가 발표한 "사랑의 바보"라는 노래에 등장하는 여자가 가진 옵션을 콜옵션이라 할 수 있는가? 콜옵션이라 할 수 없다면 왜 그러한지를 밝히고, 콜옵션이라 할 수 있다면 기초자산, 만기, 행사가격, 옵션 가격은 각각 무엇인지 명확히 밝혀보시오.

**문    제 11.** 옵션을 이용한 투자전략으로서 이 책에 등장하지 않는 전략을 직접 만들어 그림으로 나타내보시오. 이 문제는 조승모(2014)의 제5장 6절 연습문제 중 문제 118과 같은 문제이다.

**문    제 12.** 기초자산의 가격이 ₩2,800,000, 행사가격이 ₩2,700,000이고, 만기가 2개월 후인 콜옵션과 풋옵션에 대하여, 콜옵션의 가격이 ₩100,000, 풋옵션의 가격이 ₩300,000, 연간이자율이 4%일 때, 다음 물음에 답해보시오.

**(1)** 풋-콜 패러티가 성립하는지 확인하고, 성립하지 않는다면 차익거래를 구성해서 차익을 구하시오.

**(2)** 콜옵션 가격이 적정범위 내에 있는지 확인하고, 적정범위 내에 있지 않다면 차익거래를 구성해서 차익

을 구하시오. 이때, 옵선의 만기에 기초자산의 가격이 ₩2,500,000인 경우와 ₩2,900,000인 경우에 대해 각 경우별로 차익을 구하시오.

**(3)** 풋옵션 가격이 적정범위 내에 있는지 확인하고, 적정범위 내에 있지 않다면 차익거래를 구성해서 차익을 구하시오. 이때, 옵선의 만기에 기초자산의 가격이 ₩2,500,000인 경우와 ₩2,900,000인 경우에 대해 각 경우별로 차익을 구하시오.

단, 소수 다섯째 자리에서 반올림해서 소수 넷째 자리까지만 나타낼 것. 이와 유사한 문제로 조승모 (2014)의 제4장 6절 연습문제 중 문제 66, 문제 67, 문제 69, 문제 70, 문제 72, 문제 73, 문제 75, 문제 76 및 문제 78부터 문제 89까지의 문제가 있다.

**문   제 13.** 기초자산의 가격이 ₩2,600,000, 행사가격이 ₩2,700,000이고, 만기가 2개월 후인 콜옵션과 풋옵션에 대하여, 콜옵션의 가격이 ₩100,000, 풋옵션의 가격이 ₩70,000, 연간이자율이 4%일 때, 다음 물음에 답해보시오.

**(1)** 풋-콜 패러티가 성립하는지 확인하고, 성립하지 않는다면 차익거래를 구성해서 차익을 구하시오.

**(2)** 콜옵션 가격이 적정범위 내에 있는지 확인하고, 적정범위 내에 있지 않다면 차익거래를 구성해서 차익

을 구하시오. 이때, 옵션의 만기에 기초자산의 가격이
₩2,500,000인 경우와 ₩2,900,000인 경우에 대해 각 경
우별로 차익을 구하시오.

**(3)** 풋옵션 가격이 적정범위 내에 있는지 확인하고, 적
정범위 내에 있지 않다면 차익거래를 구성해서 차익
을 구하시오. 이때, 옵션의 만기에 기초자산의 가격이
₩2,500,000인 경우와 ₩2,900,000인 경우에 대해 각 경
우별로 차익을 구하시오.

단, 소수 다섯째 자리에서 반올림해서 소수 넷째 자리까지
만 나타낼 것. 이와 유사한 문제로 조승모(2014)의 제4장
6절 연습문제 중 문제 66, 문제 67, 문제 69, 문제 70, 문
제 72, 문제 73, 문제 75, 문제 76 및 문제 78부터 문제 89
까지의 문제가 있다.

**문    제 14.** 기초자산의 가격이 ₩2,800,000, 행사가격
이 ₩2,700,000이고, 만기가 2개월 후인 콜옵션과 풋옵션
에 대하여, 콜옵션의 가격이 ₩3,200,000, 풋옵션의 가격이
₩2,900,000, 연간이자율이 4%일 때, 다음 물음에 답해보
시오.

**(1)** 풋-콜 패러티가 성립하는지 확인하고, 성립하지 않는다
면 차익거래를 구성해서 차익을 구하시오.

**(2)** 콜옵션 가격이 적정범위 내에 있는지 확인하고, 적
정범위 내에 있지 않다면 차익거래를 구성해서 차익

을 구하시오. 이때, 옵션의 만기에 기초자산의 가격이
₩2,500,000인 경우와 ₩2,900,000인 경우에 대해 각 경
우별로 차익을 구하시오.

**(3)** 풋옵션 가격이 적정범위 내에 있는지 확인하고, 적
정범위 내에 있지 않다면 차익거래를 구성해서 차익
을 구하시오. 이때, 옵션의 만기에 기초자산의 가격이
₩2,500,000인 경우와 ₩2,900,000인 경우에 대해 각 경
우별로 차익을 구하시오.

단, 소수 다섯째 자리에서 반올림해서 소수 넷째 자리까지
만 나타낼 것. 이와 유사한 문제로 조승모 (2014)의 제4장
6절 연습문제 중 문제 66, 문제 67, 문제 69, 문제 70, 문
제 72, 문제 73, 문제 75, 문제 76 및 문제 78부터 문제 89
까지의 문제가 있다.

**문     제 15.** 기초자산의 가격이 ₩2,600,000, 행사가격
이 ₩2,700,000이고, 만기가 2개월 후인 콜옵션과 풋옵션
에 대하여, 콜옵션의 가격이 −₩200,000, 풋옵션의 가격이
−₩70,000, 연간이자율이 4%일 때, 다음 물음에 답해보시
오.

**(1)** 풋-콜 패러티가 성립하는지 확인하고, 성립하지 않는다
면 차익거래를 구성해서 차익을 구하시오.

**(2)** 콜옵션 가격이 적정범위 내에 있는지 확인하고, 적정범
위 내에 있지 않다면 차익거래를 구성해서 차익을 구

하시오.

**(3)** 풋옵션 가격이 적정범위 내에 있는지 확인하고, 적정범위 내에 있지 않다면 차익거래를 구성해서 차익을 구하시오.

단, 소수 다섯째 자리에서 반올림해서 소수 넷째 자리까지만 나타낼 것. 이와 유사한 문제로 조승모 (2014)의 제4장 6절 연습문제 중 문제 66, 문제 67, 문제 69, 문제 70, 문제 72, 문제 73, 문제 75, 문제 76 및 문제 78부터 문제 89까지의 문제가 있다.

**문     제 16.** 옵션의 대량 매도 및 매수로 기초자산의 가격을 변화시킬 수 있는가? 왜 그런지 자세히 설명하시오.

**문     제 17.** 찰스, 만수르, 빅토르는 각각 $1,500,000를 (주)YUEF의 주식, (주)YUEF의 주식을 기초자산으로 하는 콜옵션, (주)YUEF의 주식을 기초자산으로 하는 풋옵션에 투자(롱 포지션)하고자 한다. 현재 (주)YUEF의 주가는 $150이고, 콜옵션과 풋옵션의 만기는 모두 3개월 후이며, 이들의 행사가격은 모두 $155이다. 콜옵션과 풋옵션의 가격은 현재 각각 $15 및 $10이다.

**(1)** 3개월 후에 (주)YUEF의 주가가 $165가 되면 이 주식에만 투자한 찰스의 3개월간 단순수익률은 얼마가 되는가?

**(2)** 3개월 후에 (주)YUEF의 주가가 $135가 되면 이 주식에만 투자한 찰스의 3개월간 단순수익률은 얼마가 되는가?

**(3)** 3개월 후에 (주)YUEF의 주가가 $165가 되면 이 주식을 기초자산으로 하는 콜옵션에만 투자한 만수르의 3개월간 단순수익률은 얼마가 되는가?

**(4)** 3개월 후에 (주)YUEF의 주가가 $135가 되면 이 주식을 기초자산으로 하는 콜옵션에만 투자한 만수르의 3개월간 단순수익률은 얼마가 되는가?

**(5)** 3개월 후에 (주)YUEF의 주가가 $165가 되면 이 주식을 기초자산으로 하는 풋옵션에만 투자한 빅토르의 3개월간 단순수익률은 얼마가 되는가?

**(6)** 3개월 후에 (주)YUEF의 주가가 $135가 되면 이 주식을 기초자산으로 하는 풋옵션에만 투자한 빅토르의 3개월간 단순수익률은 얼마가 되는가?

**(7)** 찰스에 비해 만수르와 빅토르가 투기거래자인 이유를 설명하시오.

단, 소수 다섯째 자리에서 반올림해서 소수 넷째 자리까지만 나타낼 것. 참고로, 이 문제는 조승모(2011)의 제7장 7.2절 예시 4 및 조승모(2014)의 제4장 2절 예시 11과 구체적인 상황설정과 숫자만 빼고 실질적으로 동일하다.

**문** **제 18.** 기초자산의 가격이 ₩1,300,000, 기초자산 일별수익률의 분산이 연간 $(49\%)^2$, 행사가격이 ₩1,400,000이고, 만기가 3개월 후인 콜옵션에 대하여, 연간이자율이 2%일 때, 무차익거래 상태에서 다음 물음에 답해보시오.

**(1)** 블랙-숄즈 모형을 이용하여 이 콜옵션의 가격을 구하시오.

**(2)** 다른 모든 조건이 동일하고 기초자산의 가격만 ₩100,000 오르면 콜옵션의 가격은 얼마나 변하는지 블랙-숄즈 모형을 이용하여 구하시오.

**(3)** 다른 모든 조건이 동일하고 행사가격만 ₩100,000 오르면 콜옵션의 가격은 얼마나 변하는지 블랙-숄즈 모형을 이용하여 구하시오.

**(4)** 다른 모든 조건이 동일하고 연간이자율만 1%포인트 오르면 콜옵션의 가격은 얼마나 변하는지 블랙-숄즈 모형을 이용하여 구하시오.

**(5)** 다른 모든 조건이 동일하고 기초자산 일별수익률의 분산만 연간 $(50\%)^2$이 되면 콜옵션의 가격은 얼마나 변하는지 블랙-숄즈 모형을 이용하여 구하시오.

**(6)** 다른 모든 조건이 동일하고 만기만 1개월 더 길어지면 콜옵션의 가격은 얼마나 변하는지 블랙-숄즈 모형을 이용하여 구하시오.

단, 소수 다섯째 자리에서 반올림해서 소수 넷째 자리까지만 나타낼 것. 참고로, 이 문제는 조승모(2014)의 제5장 6절 연습문제 중 문제 120, 문제 122, 문제 124와 구체적인 숫자만 빼고 실질적으로 동일하며, 이에 대한 수학적인 증명은 조승모(2014)의 제5장 1절 정리 21과 정리 22에서 찾을 수 있다.

**문**  **제 19.** 기초자산의 가격이 ₩1,300,000, 기초자산 일별수익률의 분산이 연간 $(49\%)^2$, 행사가격이 ₩1,400,000이고, 만기가 3개월 후인 풋옵션에 대하여, 연간이자율이 2%일 때, 무차익거래 상태에서 다음 물음에 답해보시오.

**(1)** 블랙-숄즈 모형을 이용하여 이 풋옵션의 가격을 구하시오.

**(2)** 다른 모든 조건이 동일하고 기초자산의 가격만 ₩100,000 오르면 풋옵션의 가격은 얼마나 변하는지 블랙-숄즈 모형을 이용하여 구하시오.

**(3)** 다른 모든 조건이 동일하고 행사가격만 ₩100,000 오르면 풋옵션의 가격은 얼마나 변하는지 블랙-숄즈 모형을 이용하여 구하시오.

**(4)** 다른 모든 조건이 동일하고 연간이자율만 1%포인트 오르면 풋옵션의 가격은 얼마나 변하는지 블랙-숄즈 모형을 이용하여 구하시오.

**(5)** 다른 모든 조건이 동일하고 기초자산 일별수익률의 분산만 연간 $(50\%)^2$이 되면 풋옵션의 가격은 얼마나 변하는지 블랙-숄즈 모형을 이용하여 구하시오.

**(6)** 다른 모든 조건이 동일하고 만기만 1개월 더 길어지면

풋옵션의 가격은 얼마나 변하는지 블랙-숄즈 모형을 이용하여 구하시오.

단, 소수 다섯째 자리에서 반올림해서 소수 넷째 자리까지만 나타낼 것. 참고로, 이 문제는 조승모(2014)의 제5장 6절 연습문제 중 문제 121, 문제 123, 문제 125와 구체적인 숫자만 빼고 실질적으로 동일하며, 이에 대한 수학적인 증명은 조승모(2014)의 제5장 1절 정리 21과 정리 22에서 찾을 수 있다.

**문    제 20.** 만수르는 원유 3,000,000배럴을 배럴당 $120에 매수하여 이를 3개월 후에 전량 매도하고자 한다. 만수르는 3개월 후에 유가가 어떻게 변할지 불안하여 원유 3,000,000배럴에 대해 3개월 만기로 행사가격이 $110인 빅토르가 발행한 풋옵션을 매수하고자 한다. 유가의 일별수익률 분산은 연간 $(25\%)^2$이고 연간이자율은 2%이다.

(1) 풋옵션의 가격은 배럴당 얼마로 하는 것이 적절한지 블랙-숄즈 모형을 이용하여 계산하시오.

(2) 만수르가 풋옵션 매수에 실패한 상태에서 3개월 후 유가가 $150가 되어 이 가격에 원유를 전량 매도한다면, 만수르는 얼마의 수익을 보게 되는가?

(3) 만수르가 풋옵션 매수에 실패한 상태에서 3개월 후 유가가 $90가 되어 이 가격에 원유를 전량 매도한다면, 만수르는 얼마의 수익을 보게 되는가?

**(4)** 만수르가 풋옵션을 매수한 상태에서 3개월 후 유가가
    $150가 된다면, 만수르는 얼마의 수익을 보게 되는가?

**(5)** 만수르가 풋옵션을 매수한 상태에서 3개월 후 유가가
    $90가 된다면, 만수르는 얼마의 수익을 보게 되는가?

**(6)** 빅토르가 풋옵션을 매도한 상태에서 3개월 후 유가가
    $150가 된다면, 빅토르는 얼마의 수익을 보게 되는가?

**(7)** 빅토르가 풋옵션을 매도한 상태에서 3개월 후 유가가
    $90가 된다면, 빅토르는 얼마의 수익을 보게 되는가?

단, 소수 다섯째 자리에서 반올림해서 소수 넷째 자리까지
만 나타낼 것.

**문    제 21.** 만수르는 원유 3,000,000배럴을 배럴당 $120
에 공매도하여 이를 3개월 후에 전량 재매수하고자 한다.
만수르는 3개월 후에 유가가 어떻게 변할지 불안하여 원유
3,000,000배럴에 대해 3개월 만기로 행사가격이 $110인 빅
토르가 발행한 콜옵션을 매수하고자 한다. 유가의 일별수
익률 분산은 연간 $(25\%)^2$이고 연간이자율은 2%이다.

**(1)** 콜옵션의 가격은 배럴당 얼마로 하는 것이 적절한지 블
    랙-숄즈 모형을 이용하여 계산하시오.

**(2)** 만수르가 콜옵션 매수에 실패한 상태에서 3개월 후 유
    가가 $150가 되어 이 가격에 원유를 전량 매도한다면,
    만수르는 얼마의 수익을 보게 되는가?

**(3)** 만수르가 콜옵션 매수에 실패한 상태에서 3개월 후 유

가가 $90가 되어 이 가격에 원유를 전량 매도한다면, 만수르는 얼마의 수익을 보게 되는가?

(4) 만수르가 콜옵션을 매수한 상태에서 3개월 후 유가가 $150가 된다면, 만수르는 얼마의 수익을 보게 되는가?

(5) 만수르가 콜옵션을 매수한 상태에서 3개월 후 유가가 $90가 된다면, 만수르는 얼마의 수익을 보게 되는가?

(6) 빅토르가 콜옵션을 매도한 상태에서 3개월 후 유가가 $150가 된다면, 빅토르는 얼마의 수익을 보게 되는가?

(7) 빅토르가 콜옵션을 매도한 상태에서 3개월 후 유가가 $90가 된다면, 빅토르는 얼마의 수익을 보게 되는가?

단, 소수 다섯째 자리에서 반올림해서 소수 넷째 자리까지만 나타낼 것.

**문 제 22.** 기초자산의 가격이 ₩1,500,000, 기초자산 일별수익률의 분산이 연간 $(25\%)^2$, 행사가격이 ₩1,600,000이고, 만기가 3개월 후인 콜옵션과 풋옵션에 대하여, 연간이자율이 2%일 때, 무차익거래 상태에서 다음 물음에 답해보시오.

(1) 블랙-숄즈 모형을 이용하여 이 콜옵션의 가격을 구하시오.

(2) 풋-콜 패러티를 이용하여 이 풋옵션의 가격을 구하시오.

(3) 커버드 콜을 구성할 때 현재시점(만기가 아니라)에서

발생하는 현금흐름을 구하시오.

(4) 프로텍티브 풋을 구성할 때 현재시점(만기가 아니라)에서 발생하는 현금흐름을 구하시오.

(5) 롱 포지션의 합성선물을 구성할 때 현재시점(만기가 아니라)에서 발생하는 현금흐름을 구하시오.

(6) 숏 포지션의 합성선물을 구성할 때 현재시점(만기가 아니라)에서 발생하는 현금흐름을 구하시오.

(7) 롱 스트래들 콤비네이션을 구성할 때 현재시점(만기가 아니라)에서 발생하는 현금흐름을 구하시오.

(8) 숏 스트래들 콤비네이션을 구성할 때 현재시점(만기가 아니라)에서 발생하는 현금흐름을 구하시오.

(9) 스트립 콤비네이션을 구성할 때 현재시점(만기가 아니라)에서 발생하는 현금흐름을 구하시오.

(10) 스트랩 콤비네이션을 구성할 때 현재시점(만기가 아니라)에서 발생하는 현금흐름을 구하시오.

단, 소수 다섯째 자리에서 반올림해서 소수 넷째 자리까지만 나타낼 것.

**문    제 23.** 기초자산의 가격이 ₩1,500,000, 기초자산 일별수익률의 분산이 연간 $(25\%)^2$, 만기가 3개월 후, 행사가격이 각각 ₩1,300,000 및 ₩1,700,000인 두 종류의 콜옵션과 두 종류의 풋옵션에 대하여, 연간이자율이 2%일 때, 무차익거래 상태에서 다음 물음에 답해보시오.

**(1)** 블랙-숄즈 모형을 이용하여 행사가격이 ₩1,300,000인 콜옵션의 가격을 구하시오.

**(2)** 풋-콜 패러티를 이용하여 행사가격이 ₩1,300,000인 풋옵션의 가격을 구하시오.

**(3)** 블랙-숄즈 모형을 이용하여 행사가격이 ₩1,700,000인 콜옵션의 가격을 구하시오.

**(4)** 풋-콜 패러티를 이용하여 행사가격이 ₩1,700,000인 풋옵션의 가격을 구하시오.

**(5)** 콜옵션을 이용하여 베어리시 스프레드를 구성할 때 현재시점(만기가 아니라)에서 발생하는 현금흐름을 구하시오.

**(6)** 콜옵션을 이용하여 불리시 스프레드를 구성할 때 현재시점(만기가 아니라)에서 발생하는 현금흐름을 구하시오.

**(7)** 풋옵션을 이용하여 베어리시 스프레드를 구성할 때 현재시점(만기가 아니라)에서 발생하는 현금흐름을 구하시오.

**(8)** 풋옵션을 이용하여 불리시 스프레드를 구성할 때 현재시점(만기가 아니라)에서 발생하는 현금흐름을 구하시오.

**(9)** 롱 스트랭글 콤비네이션을 구성할 때 현재시점(만기가 아니라)에서 발생하는 현금흐름을 구하시오.

**(10)** 숏 스트랭글 콤비네이션을 구성할 때 현재시점(만기가 아니라)에서 발생하는 현금흐름을 구하시오.

단, 소수 다섯째 자리에서 반올림해서 소수 넷째 자리까지
만 나타낼 것.

**문    제 24.** 기초자산의 가격이 ₩1,500,000, 기초자산 일
별수익률의 분산이 연간 $(25\%)^2$, 만기가 3개월 후, 행사가
격이 각각 ₩1,400,000, ₩1,600,000 및 ₩1,800,000인 세
종류의 콜옵션과 세 종류의 풋옵션에 대하여, 연간이자율
이 2%일 때, 무차익거래 상태에서 다음 물음에 답해보시
오.

**(1)** 블랙-숄즈 모형을 이용하여 행사가격이 ₩1,400,000인
    콜옵션의 가격을 구하시오.

**(2)** 풋-콜 패러티를 이용하여 행사가격이 ₩1,400,000인 풋
    옵션의 가격을 구하시오.

**(3)** 블랙-숄즈 모형을 이용하여 행사가격이 ₩1,600,000인
    콜옵션의 가격을 구하시오.

**(4)** 풋-콜 패러티를 이용하여 행사가격이 ₩1,600,000인 풋
    옵션의 가격을 구하시오.

**(5)** 블랙-숄즈 모형을 이용하여 행사가격이 ₩1,800,000인
    콜옵션의 가격을 구하시오.

**(6)** 풋-콜 패러티를 이용하여 행사가격이 ₩1,800,000인 풋
    옵션의 가격을 구하시오.

**(7)** 콜옵션을 이용하여 롱 버터플라이 스프레드를 구성할
    때 현재시점(만기가 아니라)에서 발생하는 현금흐름을

구하시오.

(8) 콜옵션을 이용하여 숏 버터플라이 스프레드를 구성할 때 현재시점(만기가 아니라)에서 발생하는 현금흐름을 구하시오.

(9) 풋옵션을 이용하여 롱 버터플라이 스프레드를 구성할 때 현재시점(만기가 아니라)에서 발생하는 현금흐름을 구하시오.

(10) 풋옵션을 이용하여 숏 버터플라이 스프레드를 구성할 때 현재시점(만기가 아니라)에서 발생하는 현금흐름을 구하시오.

단, 소수 다섯째 자리에서 반올림해서 소수 넷째 자리까지 만 나타낼 것.

**문    제 25.** 삼성전자의 주가(출처: KRX 홈페이지 (https://www.krx.co.kr/))가 다음 표와 같고, 2016년 1 년간 KRX 개장일수가 246일이라 할 때, 무차익거래 상태 에서 다음 물음에 답해보시오.

(1) 삼성전자 주식을 기초자산으로 하는 콜옵션과 풋옵션 에 대한 블랙-숄즈 모형의 $\sigma$를 구하시오.

(2) 블랙-숄즈 모형을 이용하여 삼성전자 주식을 기초자산 으로 하고 행사가격이 ₩1,800,000이며 만기가 3개월 남은 콜옵션의 가격을 구하시오.

**(3)** 풋-콜 패러티를 이용하여 삼성전자 주식을 기초자산으로 하고 행사가격이 ₩1,800,000이며 만기가 3개월 남은 풋옵션의 가격을 구하시오.

단, 소수 다섯째 자리에서 반올림해서 소수 넷째 자리까지만 나타낼 것.

| 날짜 | 종가(₩) |
|---|---|
| 2016/08/09 | 1,567,000 |
| 2016/08/10 | 1,541,000 |
| 2016/08/11 | 1,559,000 |
| 2016/08/12 | 1,545,000 |
| 2016/08/16 | 1,568,000 |
| 2016/08/17 | 1,566,000 |
| 2016/08/18 | 1,640,000 |
| 2016/08/19 | 1,675,000 |
| 2016/08/22 | 1,665,000 |
| 2016/08/23 | 1,687,000 |
| 2016/08/24 | 1,653,000 |

# 부록 A

# 표준정규분포표

$$\Phi(z) = \int_{-\infty}^{z} \frac{1}{\sqrt{2\pi}} e^{-\frac{1}{2}x^2} dx$$

| z | .00 | .01 | .02 | .03 | .04 | .05 | .06 | .07 | .08 | .09 |
|------|--------|--------|--------|--------|--------|--------|--------|--------|--------|--------|
| -3.5 | 0.0002 | 0.0002 | 0.0002 | 0.0002 | 0.0002 | 0.0002 | 0.0002 | 0.0002 | 0.0002 | 0.0002 |
| -3.4 | 0.0003 | 0.0003 | 0.0003 | 0.0003 | 0.0003 | 0.0003 | 0.0003 | 0.0003 | 0.0003 | 0.0002 |
| -3.3 | 0.0005 | 0.0005 | 0.0005 | 0.0004 | 0.0004 | 0.0004 | 0.0004 | 0.0004 | 0.0004 | 0.0003 |
| -3.2 | 0.0007 | 0.0007 | 0.0006 | 0.0006 | 0.0006 | 0.0006 | 0.0006 | 0.0005 | 0.0005 | 0.0005 |
| -3.1 | 0.0010 | 0.0009 | 0.0009 | 0.0009 | 0.0008 | 0.0008 | 0.0008 | 0.0008 | 0.0007 | 0.0007 |
| -3.0 | 0.0013 | 0.0013 | 0.0013 | 0.0012 | 0.0012 | 0.0011 | 0.0011 | 0.0011 | 0.0010 | 0.0010 |
| -2.9 | 0.0019 | 0.0018 | 0.0018 | 0.0017 | 0.0016 | 0.0016 | 0.0015 | 0.0015 | 0.0014 | 0.0014 |
| -2.8 | 0.0026 | 0.0025 | 0.0024 | 0.0023 | 0.0023 | 0.0022 | 0.0021 | 0.0021 | 0.0020 | 0.0019 |
| -2.7 | 0.0035 | 0.0034 | 0.0033 | 0.0032 | 0.0031 | 0.0030 | 0.0029 | 0.0028 | 0.0027 | 0.0026 |
| -2.6 | 0.0047 | 0.0045 | 0.0044 | 0.0043 | 0.0041 | 0.0040 | 0.0039 | 0.0038 | 0.0037 | 0.0036 |
| -2.5 | 0.0062 | 0.0060 | 0.0059 | 0.0057 | 0.0055 | 0.0054 | 0.0052 | 0.0051 | 0.0049 | 0.0048 |
| -2.4 | 0.0082 | 0.0080 | 0.0078 | 0.0075 | 0.0073 | 0.0071 | 0.0069 | 0.0068 | 0.0066 | 0.0064 |
| -2.3 | 0.0107 | 0.0104 | 0.0102 | 0.0099 | 0.0096 | 0.0094 | 0.0091 | 0.0089 | 0.0087 | 0.0084 |
| -2.2 | 0.0139 | 0.0136 | 0.0132 | 0.0129 | 0.0125 | 0.0122 | 0.0119 | 0.0116 | 0.0113 | 0.0110 |
| -2.1 | 0.0179 | 0.0174 | 0.0170 | 0.0166 | 0.0162 | 0.0158 | 0.0154 | 0.0150 | 0.0146 | 0.0143 |
| -2.0 | 0.0228 | 0.0222 | 0.0217 | 0.0212 | 0.0207 | 0.0202 | 0.0197 | 0.0192 | 0.0188 | 0.0183 |
| -1.9 | 0.0287 | 0.0281 | 0.0274 | 0.0268 | 0.0262 | 0.0256 | 0.0250 | 0.0244 | 0.0239 | 0.0233 |
| -1.8 | 0.0359 | 0.0351 | 0.0344 | 0.0336 | 0.0329 | 0.0322 | 0.0314 | 0.0307 | 0.0301 | 0.0294 |
| -1.7 | 0.0446 | 0.0436 | 0.0427 | 0.0418 | 0.0409 | 0.0401 | 0.0392 | 0.0384 | 0.0375 | 0.0367 |
| -1.6 | 0.0548 | 0.0537 | 0.0526 | 0.0516 | 0.0505 | 0.0495 | 0.0485 | 0.0475 | 0.0465 | 0.0455 |
| -1.5 | 0.0668 | 0.0655 | 0.0643 | 0.0630 | 0.0618 | 0.0606 | 0.0594 | 0.0582 | 0.0571 | 0.0559 |
| -1.4 | 0.0808 | 0.0793 | 0.0778 | 0.0764 | 0.0749 | 0.0735 | 0.0721 | 0.0708 | 0.0694 | 0.0681 |
| -1.3 | 0.0968 | 0.0951 | 0.0934 | 0.0918 | 0.0901 | 0.0885 | 0.0869 | 0.0853 | 0.0838 | 0.0823 |
| -1.2 | 0.1151 | 0.1131 | 0.1112 | 0.1093 | 0.1075 | 0.1056 | 0.1038 | 0.1020 | 0.1003 | 0.0985 |
| -1.1 | 0.1357 | 0.1335 | 0.1314 | 0.1292 | 0.1271 | 0.1251 | 0.1230 | 0.1210 | 0.1190 | 0.1170 |
| -1.0 | 0.1587 | 0.1562 | 0.1539 | 0.1515 | 0.1492 | 0.1469 | 0.1446 | 0.1423 | 0.1401 | 0.1379 |
| -0.9 | 0.1841 | 0.1814 | 0.1788 | 0.1762 | 0.1736 | 0.1711 | 0.1685 | 0.1660 | 0.1635 | 0.1611 |
| -0.8 | 0.2119 | 0.2090 | 0.2061 | 0.2033 | 0.2005 | 0.1977 | 0.1949 | 0.1922 | 0.1894 | 0.1867 |

$$\Phi(z) = \int_{-\infty}^{z} \frac{1}{\sqrt{2\pi}} e^{-\frac{1}{2}x^2} dx$$

| z | .00 | .01 | .02 | .03 | .04 | .05 | .06 | .07 | .08 | .09 |
|------|--------|--------|--------|--------|--------|--------|--------|--------|--------|--------|
| -0.7 | 0.2420 | 0.2389 | 0.2358 | 0.2327 | 0.2296 | 0.2266 | 0.2236 | 0.2206 | 0.2177 | 0.2148 |
| -0.6 | 0.2743 | 0.2709 | 0.2676 | 0.2643 | 0.2611 | 0.2578 | 0.2546 | 0.2514 | 0.2483 | 0.2451 |
| -0.5 | 0.3085 | 0.3050 | 0.3015 | 0.2981 | 0.2946 | 0.2912 | 0.2877 | 0.2843 | 0.2810 | 0.2776 |
| -0.4 | 0.3446 | 0.3409 | 0.3372 | 0.3336 | 0.3300 | 0.3264 | 0.3228 | 0.3192 | 0.3156 | 0.3121 |
| -0.3 | 0.3821 | 0.3783 | 0.3745 | 0.3707 | 0.3669 | 0.3632 | 0.3594 | 0.3557 | 0.3520 | 0.3483 |
| -0.2 | 0.4207 | 0.4168 | 0.4129 | 0.4090 | 0.4052 | 0.4013 | 0.3974 | 0.3936 | 0.3897 | 0.3859 |
| -0.1 | 0.4602 | 0.4562 | 0.4522 | 0.4483 | 0.4443 | 0.4404 | 0.4364 | 0.4325 | 0.4286 | 0.4247 |
| 0.0 | 0.5000 | 0.5040 | 0.5080 | 0.5120 | 0.5160 | 0.5199 | 0.5239 | 0.5279 | 0.5319 | 0.5359 |
| 0.1 | 0.5398 | 0.5438 | 0.5478 | 0.5517 | 0.5557 | 0.5596 | 0.5636 | 0.5675 | 0.5714 | 0.5753 |
| 0.2 | 0.5793 | 0.5832 | 0.5871 | 0.5910 | 0.5948 | 0.5987 | 0.6026 | 0.6064 | 0.6103 | 0.6141 |
| 0.3 | 0.6179 | 0.6217 | 0.6255 | 0.6293 | 0.6331 | 0.6368 | 0.6406 | 0.6443 | 0.6480 | 0.6517 |
| 0.4 | 0.6554 | 0.6591 | 0.6628 | 0.6664 | 0.6700 | 0.6736 | 0.6772 | 0.6808 | 0.6844 | 0.6879 |
| 0.5 | 0.6915 | 0.6950 | 0.6985 | 0.7019 | 0.7054 | 0.7088 | 0.7123 | 0.7157 | 0.7190 | 0.7224 |
| 0.6 | 0.7257 | 0.7291 | 0.7324 | 0.7357 | 0.7389 | 0.7422 | 0.7454 | 0.7486 | 0.7517 | 0.7549 |
| 0.7 | 0.7580 | 0.7611 | 0.7642 | 0.7673 | 0.7704 | 0.7734 | 0.7764 | 0.7794 | 0.7823 | 0.7852 |
| 0.8 | 0.7881 | 0.7910 | 0.7939 | 0.7967 | 0.7995 | 0.8023 | 0.8051 | 0.8078 | 0.8106 | 0.8133 |
| 0.9 | 0.8159 | 0.8186 | 0.8212 | 0.8238 | 0.8264 | 0.8289 | 0.8315 | 0.8340 | 0.8365 | 0.8389 |
| 1.0 | 0.8413 | 0.8438 | 0.8461 | 0.8485 | 0.8508 | 0.8531 | 0.8554 | 0.8577 | 0.8599 | 0.8621 |
| 1.1 | 0.8643 | 0.8665 | 0.8686 | 0.8708 | 0.8729 | 0.8749 | 0.8770 | 0.8790 | 0.8810 | 0.8830 |
| 1.2 | 0.8849 | 0.8869 | 0.8888 | 0.8907 | 0.8925 | 0.8944 | 0.8962 | 0.8980 | 0.8997 | 0.9015 |
| 1.3 | 0.9032 | 0.9049 | 0.9066 | 0.9082 | 0.9099 | 0.9115 | 0.9131 | 0.9147 | 0.9162 | 0.9177 |
| 1.4 | 0.9192 | 0.9207 | 0.9222 | 0.9236 | 0.9251 | 0.9265 | 0.9279 | 0.9292 | 0.9306 | 0.9319 |
| 1.5 | 0.9332 | 0.9345 | 0.9357 | 0.9370 | 0.9382 | 0.9394 | 0.9406 | 0.9418 | 0.9429 | 0.9441 |
| 1.6 | 0.9452 | 0.9463 | 0.9474 | 0.9484 | 0.9495 | 0.9505 | 0.9515 | 0.9525 | 0.9535 | 0.9545 |
| 1.7 | 0.9554 | 0.9564 | 0.9573 | 0.9582 | 0.9591 | 0.9599 | 0.9608 | 0.9616 | 0.9625 | 0.9633 |
| 1.8 | 0.9641 | 0.9649 | 0.9656 | 0.9664 | 0.9671 | 0.9678 | 0.9686 | 0.9693 | 0.9699 | 0.9706 |
| 1.9 | 0.9713 | 0.9719 | 0.9726 | 0.9732 | 0.9738 | 0.9744 | 0.9750 | 0.9756 | 0.9761 | 0.9767 |
| 2.0 | 0.9772 | 0.9778 | 0.9783 | 0.9788 | 0.9793 | 0.9798 | 0.9803 | 0.9808 | 0.9812 | 0.9817 |
| 2.1 | 0.9821 | 0.9826 | 0.9830 | 0.9834 | 0.9838 | 0.9842 | 0.9846 | 0.9850 | 0.9854 | 0.9857 |
| 2.2 | 0.9861 | 0.9864 | 0.9868 | 0.9871 | 0.9875 | 0.9878 | 0.9881 | 0.9884 | 0.9887 | 0.9890 |
| 2.3 | 0.9893 | 0.9896 | 0.9898 | 0.9901 | 0.9904 | 0.9906 | 0.9909 | 0.9911 | 0.9913 | 0.9916 |
| 2.4 | 0.9918 | 0.9920 | 0.9922 | 0.9925 | 0.9927 | 0.9929 | 0.9931 | 0.9932 | 0.9934 | 0.9936 |
| 2.5 | 0.9938 | 0.9940 | 0.9941 | 0.9943 | 0.9945 | 0.9946 | 0.9948 | 0.9949 | 0.9951 | 0.9952 |
| 2.6 | 0.9953 | 0.9955 | 0.9956 | 0.9957 | 0.9959 | 0.9960 | 0.9961 | 0.9962 | 0.9963 | 0.9964 |
| 2.7 | 0.9965 | 0.9966 | 0.9967 | 0.9968 | 0.9969 | 0.9970 | 0.9971 | 0.9972 | 0.9973 | 0.9974 |
| 2.8 | 0.9974 | 0.9975 | 0.9976 | 0.9977 | 0.9977 | 0.9978 | 0.9979 | 0.9979 | 0.9980 | 0.9981 |
| 2.9 | 0.9981 | 0.9982 | 0.9982 | 0.9983 | 0.9984 | 0.9984 | 0.9985 | 0.9985 | 0.9986 | 0.9986 |
| 3.0 | 0.9987 | 0.9987 | 0.9987 | 0.9988 | 0.9988 | 0.9989 | 0.9989 | 0.9989 | 0.9990 | 0.9990 |
| 3.1 | 0.9990 | 0.9991 | 0.9991 | 0.9991 | 0.9992 | 0.9992 | 0.9992 | 0.9992 | 0.9993 | 0.9993 |
| 3.2 | 0.9993 | 0.9993 | 0.9994 | 0.9994 | 0.9994 | 0.9994 | 0.9994 | 0.9995 | 0.9995 | 0.9995 |
| 3.3 | 0.9995 | 0.9995 | 0.9995 | 0.9996 | 0.9996 | 0.9996 | 0.9996 | 0.9996 | 0.9996 | 0.9997 |
| 3.4 | 0.9997 | 0.9997 | 0.9997 | 0.9997 | 0.9997 | 0.9997 | 0.9997 | 0.9997 | 0.9997 | 0.9998 |
| 3.5 | 0.9998 | 0.9998 | 0.9998 | 0.9998 | 0.9998 | 0.9998 | 0.9998 | 0.9998 | 0.9998 | 0.9998 |

# 참고 문헌

조승모 (2011). 현대투자론입문. 한국학술정보(주).

조승모 (2014). *선물과 옵션의 수리적 이해*. 퍼플.

조승모 (2016). 대학 금융수업에서 옵션 관계식의 효과적이고 효율적인 증명에 관한 연구. *인문사회 21* 7(4), 859–876.

Black, F. (1976). The pricing of commodity contracts. *Journal of Financial Economics* 3(1-2), 167–179.

Black, F. and M. Scholes (1973). The pricing of options and corporate liabilities. *Journal of Political Economy 81*(3), 637–654.

Cohen, G (2015). *The Bible of Options Strategies: The Definitive Guide for Practical Trading Strategies* (2nd ed.). FT Press.

Cox, J. C., J. E. Ingersoll Jr., and S. A. Ross (1981). The relation between forward prices and futures prices. *Journal of Financial Economics* 9(4), 321–346.

Duffie, D. (1989). *Futures Markets*. Prentice-Hall, Inc.

Higgins, L. R. (1906). *The PUT-and-CALL*. Effingham Wilson.

Hull, J. C. (2006). *Options, Futures, and Other Derivatives* (6th ed.). Prentice Hall.

Hull, J. C. (2012). *Options, Futures, and Other Derivatives* (8th ed.). Prentice Hall.

Ianieri, R. (2009). *Options Theory and Trading: A Step-by-Step Guide to Control Risk and Generate Profits*. John Wiley & Sons, Inc.

Jabbour, G. M. and P. H. Budwick (2010). *The Option Trader Handbook: Strategies and Trade Adjustments* (2nd ed.). John Wiley & Sons, Inc.

Merton, R. C. (1973a). The relationship between put and call option prices: Comment. *The Journal of Finance 28*(1), 183–184.

Merton, R. C. (1973b). Theory of rational option pricing. *The Bell Journal of Economics and Management Science 4*(1), 141–183.

Mullaney, M. D. (2009). *The Complete Guide to Option Strategies: Advanced and Basic Strategies on Stocks, ETFs, Indexes, and Stock Index Futures*. John Wiley & Sons, Inc.

Nelson, S. A. (1904). *The A B C of Options and Arbitrage*. S. A. Nelson.

Stein, J. L. (1961). The simultaneous determination of spot and futures prices. *The American Economic Review 51*(5), 1012–1025.

Stoll, H. R. (1969). The relationship between put and call option prices. *The Journal of Finance 24*(5), 801–824.

Strong, R. A. (2002). *Derivatives: An Introduction*. South-Western.

Tsay, R. S. (2005). *Analysis of Financial Time Series* (2nd ed.). John Wiley & Sons, Inc.

Tucker, A. L. (1991). *Financial Futures, Options, and Swaps*. West Publishing Company.

# 찾아보기

*e*, 9

additional margin, 41

annual average log rate of
     return, 19

annual average simple rate
     of return, 18, 19

arbitrage profit, 42

arbitrage trade, 42, 51

asset, 29

bearish spread, 151

Black-Scholes model, 84, 90

Black-Scholes-Merton model,
     84

bond, 4

bond market, 4

bullish spread, 151

butterfly spread, 144

call option, 71

call option price boundaries,
     107

capital accumulation, 62, 141

capital market, 4

capital market development,
     63, 142

closing price, 91

combination, 144, 145

covered call, 123, 129, 131

cumulative distribution func-
     tion for the stan-
     dard normal distri-
     bution, 85

currency, 5

daily settlement, 41

derivative, 4, 52, 92

derivative security, 4, 52,
     92

# 찾아보기